WOGUO JISHU CHUANGXIN KUOSAN YINSU FENXI HE XIAOYING CEDU

我国技术创新扩散因素分析和效应测度

王俊霞 著

江苏大学出版社
JIANGSU UNIVERSITY PRESS
镇 江

图书在版编目(CIP)数据

我国技术创新扩散因素分析和效应测度 / 王俊霞著
. — 镇江 ：江苏大学出版社，2022.10
ISBN 978-7-5684-1857-7

Ⅰ. ①我… Ⅱ. ①王… Ⅲ. ①技术革新－技术推广－影响因素－研究－中国 Ⅳ. ①F124.3

中国版本图书馆 CIP 数据核字(2022)第 148508 号

我国技术创新扩散因素分析和效应测度

著　　者/王俊霞
责任编辑/李经晶
出版发行/江苏大学出版社
地　　址/江苏省镇江市京口区学府路 301 号(邮编：212013)
电　　话/0511-84446464(传真)
网　　址/http://press.ujs.edu.cn
排　　版/镇江市江东印刷有限责任公司
印　　刷/江苏凤凰数码印务有限公司
开　　本/718 mm×1 000 mm　1/16
印　　张/10.75
字　　数/170 千字
版　　次/2022 年 10 月第 1 版
印　　次/2022 年 10 月第 1 次印刷
书　　号/ISBN 978-7-5684-1857-7
定　　价/52.00 元

如有印装质量问题请与本社营销部联系(电话:0511-84440882)

前　言

改革开放以来，我国经济一直保持较快的增长态势，但近些年来出现了一个明显的趋势——GDP 增速开始放缓。1978 年改革开放初期到 2000 年间，我国 GDP 年均增长率为 9. 66%；2001 年加入世贸组织之后至 2010 年，我国 GDP 年均增长率达到 10. 55%；2011 年后我国的经济增长速度开始趋缓，至 2021 年间 GDP 年均增长率降至 6. 94%。经济增长速度的减缓只是一个表面现象，其深层次的原因是人口红利减少、环境承载能力下降、劳动力成本上升、工业产能过剩及国际经济环境恶化等问题的出现。

在此背景下，我国经济发展方式迫切需要得到转型。2006 年 2 月，国务院颁布《国家中长期科学和技术发展规划纲要（2006—2020 年）》；2016 年 5 月，中共中央、国务院颁布的《国家创新驱动发展战略纲要》提出，到 2030 年我国要跻身创新型国家前列，到 2050 年我国要建成世界科技创新强国。经过多年的持续发展，互联网、人工智能、大数据等技术不断进步，我国科技创新能力显著增强，整体科技竞争力也在逐年上升。

总体而言，在国家科技创新战略的指引下，我国的技术创新水平已居于世界前列，但是我国的自主创新能力还存在很多不足之处，特别是技术创新与生产之间的衔接还不够紧密，这就造成了技术创新成果的转化率较低；先进技术在技术创新的源头与接收地之间，以及不同地区之间的传播存在瓶颈，阻碍了技术创新的扩散，这是当前制约我国科技成果转化的一个突出问题。

技术创新是“生产函数的移动”，是科技与经济一体化的过程，是技术进步与应用创新“双螺旋结构”共同作用催生的产物；而技术创新扩散决定着科技成果向生产力的转换，技术创新能否最终成为技术进步的源泉，在很大程度上取决于技术创新扩散的状况。对于我国制造业转型升级而言，新技术的产生往往起源于某个“点”，而技术创新扩散则是新技术由点向线、向面乃至向整个经济体传播扩散的过程，只有经过技术扩散，新技术才会传播到整个经济体，从而带动社会整体技术水平的提升。因此，针对技术创新的扩散过程进行研究，通过探讨技术创新扩散的方式、途径，分析技术创新在时间和空间等层面的扩散特点，对于提升我国整体科学技术水平、建设创新型国家具有重要的现实意义。

本书共由八章内容构成，第 1 章为绪论，着重介绍本研究的研究背景及意义，对国内外研究现状进行梳理与归纳，总结本书的研究内容和方法以及创新和不足之处。第 2 章为技术创新扩散的机理研究，首先对核心研究概念进行了界定，并从理论上分析了技术创新扩散系统的构成，扩散主体，扩散的途径、效应及环境因素。第 3 章为技术创新扩散模型与测度方法，着重分析了技术创新扩散的经典模型与扩展模型，给出了技术创新扩散的测度方法，并构造了本书研究采用的扩散模型及指标体系。第 4 章为国内外技术创新扩散模式分析，对德国、美国等国外发达国家技术创新扩散模式进行了考察，并结合我国技术创新扩散模式情况进行了比较分析。第 5 章为技术创新扩散影响因素和成效的统计分析，通过构造一些统计指标，从政策环境、资源保障、中介服务等方面分析了影响技术创新扩散的因素和中国技术创新扩散成效，最后就扩散特点进行了进一步研究。第 6 章为基于主成分回归的技术创新扩散因素分析，从两个不同的角度构造主成分回归模型，对我国技术创新扩散的影响因素进行了分析。第 7 章为基于国际视角的我国技术创新扩散效应测度，从国际视角对国际技术创新扩散的可行性进行分析，并对单项因果关系和存在间接反馈关系的非递归结构方程模型进行了研究。第 8 章就上述研究结论进行了总结，并提出了促进我国技术创新扩散的政策建议。

受研究资料、著者水平等方面的限制，本书难免存在一些不足之处，欢迎各位读者批评指正。

目　录

第1章 <<<

绪　论

1.1　研究背景及意义

1.1.1　研究背景

自改革开放以来，中国经济增长突飞猛进。1978 年我国的 GDP 总量仅为 3678.7 亿元，位居世界第 15 位；经过 30 多年的发展，2010 年达到 40.32 万亿元，超越日本跃居世界第二位。到 2018 年，我国 GDP 总量达到 90.03 万亿元①，约为美国的 2/3，日本的 2.74 倍，稳居世界第二位。

经济的长足发展，与我国长期以来对科技创新的重视密不可分。2006 年国务院颁布并实施的《国家中长期科学和技术发展规划纲要（2006—2020 年）》确定了到 2020 年把我国建设成创新型国家的发展目标。2016 年 5 月颁布实施的《国家创新驱动发展战略纲要》提出，到 2020 年使我国进入创新型国家行列，到 2030 年使我国进入创新型国家前列，到 2050 年使我国成为世界科技创新强国。经过多年的持续发展，加之互联网、人工智能、大数据等技术的不断进步，我国的科技创新能力显著增强，涌现出一大批科技创新能力较强的企业，以华为为代表的一批中国企业在世界科技竞争中已经占据重要地位，我国的整体科技竞争力也在逐年增强。

当前，我国快速推进国家创新体系建设，不断加强战略科技力量，正处于建设创新型国家的关键阶段。深化科技体制改革已经取得了较大的成效，对中小企业创新的支持不断加强，科技成果转化的成效显著，倡导创新文化，强化知识产权创造、保护、运用的氛围逐步形成。

---

① 国家统计局．中国统计年鉴 2019［M］．北京：中国统计出版社，2019.

在《2021年全球创新指数报告》当中，排在前列的国家主要是欧美发达国家。排在第1~10位的国家分别为瑞士、瑞典、美国、英国、韩国、荷兰、芬兰、新加坡、丹麦、德国，第11位是法国，中国从2020年的第14位上升到了2021年的第12位，而日本、以色列、加拿大紧随中国之后。我国的创新指数已经接近大部分欧洲国家的水平，领先于日本、加拿大等发达国家，是排名前30位中唯一的中等收入经济体，远远超过其他发展中国家。

发达国家技术创新的成果能够快速转移到生产环节，归功于它一贯奉行“科学技术与生产紧密结合”的原则。发达国家不仅重视科学技术的发明和创新，而且拥有最健全的科技成果转化机制。科学技术促进了制造业的发展，制造业的发展又为科技成果的推广提供了更广阔的空间，形成了技术创新与生产相互促进的良性循环，这实际上是一个非常高效的技术创新扩散过程。

整体而言，在国家科技创新战略的指引下，我国的技术创新水平已居于世界前列。中国作为制造业大国，近年来尽管技术创新活跃，在制造业的一些领域也拥有领先世界的技术创新能力，但是自主创新能力还存在很多不足之处，与技术先进国家相比还存在一定的差距。还有非常重要的一点是，我国技术创新与生产之间的衔接程度还远远不够，这使得技术创新的成果转移至生产领域的效率较低；先进技术在技术创新的源头与接收地之间，以及不同地区之间的传播存在瓶颈，阻碍了技术创新的扩散，这也是当前我国科技成果转化过程中存在的一个突出问题。

在此背景下，对我国的技术创新扩散状况进行深入系统地研究，着重分析我国技术创新扩散因素、模式和效应等方面存在的突出问题，对于建立完善的技术创新成果转化机制、促进技术创新扩散，促使科技与生产紧密衔接，促进我国经济高质量、可持续发展具有重要的意义。

1.1.2 研究意义

技术创新是“生产函数的移动”，是对各种生产要素的组合进行创新的过程。技术创新扩散的程度决定着科技成果能否转换为生产力，技术创新能否最终成为技术进步的源泉，在很大程度上取决于技术创新扩散的状况。就我国制造业转型升级而言，新技术的产生往往发源于某个

"点"，而技术创新扩散则是新技术由点向线、向面乃至向整个经济体传播扩散的过程，只有经过技术扩散，新技术才会传播到整个经济体，从而促进社会整体技术水平的提升。

（1）适应全球科技竞争的需要

目前，国家之间的竞争更多地表现为科技的竞争，科技创新能力已成为综合国力的决定性因素。当今世界，国与国之间的经济联系已经非常密切，全球经济一体化虽然有利于促进科技的进步，但核心技术仍然依赖于各个国家自身的研发力量。我国改革开放40多年来，虽然科技发展迅猛，但科技对社会经济发展的支撑作用不足，科技对经济增长的贡献率明显低于发达国家水平。

从社会层面来看，技术进步是一种良性循环，在有利于技术扩散的社会环境中，新技术的推广应用速度快，各个行业的技术提升速度也快，从而缩短了下一轮技术创新的时间，下一轮技术扩散速度也得到提升，如此形成一个良性循环。随着核心技术研发力度的加大，我国已经把引领经济发展的第一动力，即科技的创新，放在国家发展全局的核心地位，在注重技术创新的同时不断推动理论创新、制度创新、文化创新，使创新成为一种风气，不断促进社会的全面发展。

（2）促进经济高质量发展的需要

纵观改革开放40余年的历程，在改革开放初期，我国的经济增长主要是依靠资本、土地、劳动力等生产要素投入的不断增加带来的外延式增长，由此导致的资本投入效率低下、土地利用率不高等问题愈加明显，环境污染问题也愈加突出。同时，实行多年的计划生育政策，一方面在降低总人口、缓解人口压力上功不可没；另一方面也带来了劳动人口比重下降、人口老龄化问题，导致劳动力成本上升。我国劳动力在2016年达到峰值8.069亿人之后，2017年开始缓慢下降，至2018年降至8.057亿人①，各地出现不同程度的用工荒问题。

在这样的历史背景下，对于我国这样的人口大国，在资源匮乏的情况下，依靠增加资本、土地、劳动力等生产要素的投入促进经济增长的方式难以为继，只有依靠科技进步、调整产业增长结构、提升科技进步在经济增长中的贡献率，才是实现经济高质量增长的唯一途径。因此，

① 国家统计局. 中国统计年鉴2019［M］. 北京：中国统计出版社，2019.

有效借鉴发达国家技术创新及其扩散的经验，对促进我国经济高质量发展无疑具有重要的现实意义。

（3）解决区域发展不平衡问题的需要

作为一个陆地面积960余万平方公里、拥有超过14亿人口的大国，我国各地区之间的经济发展十分不平衡。区域之间、城乡之间的经济发展水平均存在巨大的差异。从区域来看，2018年全国居民人均可支配收入为2.82万元，其中东、中、西及东北地区分别为3.63万元、2.38万元、2.19万元和2.55万元①，东部地区最高，是西部地区的1.66倍。从城乡来看，2018年城镇居民人均可支配收入为3.92万元，而同期农村居民人均可支配收入仅为1.46万元，城镇居民可支配收入为农村居民可支配收入的2.68倍。区域之间、城乡之间的收入差距都非常明显。

解决我国的经济发展不平衡问题，除了通过国家经济发展政策调整、更多的政策与资金向西部及农村地区倾斜以努力推动落后地区发展以外，依靠技术进步，使技术从领先地区向欠发达地区扩散，也是一条重要途径。贫困落后地区往往也是技术水平低下的地区，促进技术创新由东部发达地区向中西部落后地区的扩散，是帮助落后地区摆脱贫困、实现内涵式增长的根本途径。

（4）培育经济发展新动能的需要

为实现我国经济高质量发展，培育经济发展的新动能是一个重要的突破点。高新技术产业无疑是促进经济发展新动能产生的重要领域。2020年初新冠肺炎疫情的暴发，虽然在客观上为我国带来了较大的不利影响，造成了较为严重的生命财产损失，值得认真吸取教训，但也要看到，新冠肺炎疫情的防控过程不仅展现了我国强大的社会动员能力与社会整体的抗风险能力，而且反映出了我国企业强大的科技创新能力。特别是新冠肺炎疫情在全球肆虐、短期内难以彻底消除的情况下，围绕卫生防疫方面的科技创新将是保证后疫情时期经济稳定增长的重要条件。

在未来的经济增长与发展过程中，技术创新始终是促进经济新动能产生与发展的重要着力点。目前，我国以华为为代表的5G产业已经在世界上处于领先地位，由此带动了一大批先进制造业的产生与发展，如人工智能、物联网、智能汽车等。培育经济增长的新动能，离不开技术

---

① 国家统计局．中国统计年鉴2019［M］．北京：中国统计出版社，2019.

创新及相应的技术创新扩散，技术创新及扩散始终是培育和推动经济发展新动能的重要推手。

1.2　国内外研究状况综述

2020 年以来，随着科技的日新月异，人们生活及工作的方方面面都离不开创新。亚当·斯密（Adam Smith）早在 200 多年前就意识到了创新的作用，但创新理论体系的出现，始于 20 世纪初熊彼特的研究；在经历过两次世界大战以后，人们越发意识到创新对社会发展的重要作用与意义，从而涌现出大量的研究成果。

1.2.1　由创新、技术创新到技术创新扩散

技术创新扩散是依托技术创新发展起来的，而技术创新与创新是部分与整体的关系。早在技术创新的概念及理论体系形成之前，一些经济学家就已经意识到创新在经济增长中的重要作用。

现代意义上创新思想的萌芽可以追溯到 18 世纪，经济学鼻祖亚当·斯密在其 1776 年出版的经典著作《国富论》开篇就提到了“劳动分工”的问题，他认为分工可以促进劳动生产力的提升。此处的“分工”也隐含着创新的意思，尽管不是本书主要讨论的技术创新，但可以视为组织创新或管理创新的范畴。亚当·斯密还指出，那些简化和节省劳动的发明也起源于分工。这里的发明比较接近于现代意义的技术创新。经济学家马歇尔（Alfred Marshall）也提到了发明或机械改良的作用，他提出的发明或机械的改良更接近现代意义的技术创新。法国经济学家萨伊（Jean-Baptiste Say）在《政治经济学概论》中指出，新机器的产品，将比使用旧法制造的产品来得便宜，而便宜的价格，迟早会促进产品的消费和需求，他比较明确地指出了新的机器能够促进产品的消费和需求。

在早期的经济学思想中，已经有了创新或技术创新思想的萌芽，认为劳动分工或机械改良等能够促进生产的发展、消费或需求的提升。但真正明确地系统化提出创新理论的是熊彼特，他于 1911 年首次提出了“创新理论”。熊彼特认为，生产是原材料和力量的组合，用不同的方式将这些原材料与力量组合起来，那些“间断出现的”“具有发展特点的

现象出现的”新的组合才是创新方式。熊彼特认为，这些新组合有五种情况：① 采用一种新的产品或者一种产品的新特征；② 采用一种新的生产方法；③ 开辟一个新的市场；④ 掠夺或控制原材料或半制成品的一种新的供应来源；⑤ 实现任何一种工业的新的组织。这就是我们后来所熟知的创新的五种形式。

熊彼特提出了创新理论，肯定了创新在经济增长中的作用，用现代的观点来看，他提出的创新实际上是技术创新、管理创新、营销创新等多种形式的创新，比单纯技术创新的范围要广得多。尽管熊彼特创新理论包含的内容比较宽泛，存在种种不足，但不可否认的是，他在创新研究方面做出了开创性的贡献，为现代创新研究奠定了基础。

经济学家卡罗琳·萧·索洛（Carolyn Shaw Solo）首次明确提出技术创新，他于 1951 年比较全面地梳理了技术创新理论，他认为技术创新的成立有两个条件：新思想来源和后阶段的实现发展。此后不少学者，如麦克劳林（Maclaurin）、拉坦（Ruttan）在技术创新的概念界定方面也进行了一定的研究，但是仍然没有给出一个明确的定义。直到 1962 年，伊诺思（J. L. Enos）首次对技术创新下了明确的定义，他认为技术创新是几种行为综合的结果，这些行为包括发明的选择、资本投入的保证、组织建立、制订计划、招用工人和开辟市场等。从此以后，技术创新有了明确的概念界定。之后，许多学者如林恩（G. Lynn）、曼斯费尔德（M. Mansfield）、厄特巴特（Utterback）、费里曼（C. Freeman）等都围绕技术创新进行了研究，逐渐将技术创新的概念推向成熟。

仅从技术创新本身来看，它是一个微观层面的概念。技术创新的主体往往是企业，技术创新代表着技术的领先性，企业凭此可以获取超额利润。而对于整个社会来讲，只有单个企业的技术创新还远远不够，技术必须由先进企业向落后企业转移与扩散、由技术先进地区向技术落后地区转移与扩散，才能够促进社会整体技术水平的提升，这就是技术创新扩散的过程。

20 世纪 60 年代之后，随着科技的进步，人们对技术创新日益重视，研究技术创新的扩散过程，把握技术创新扩散的模式、特点等，也成为一个重要的学术研究领域，在技术创新扩散的若干方向上逐渐形成了大量的研究文献。

1.2.2 技术创新扩散的理论及发展

技术创新扩散的理论与发展的研究着力于解决技术创新扩散的一些基础理论问题，如技术创新扩散遵循的规律、扩散模式、扩散的模型刻画等。

在早期对技术创新扩散模式的研究中，比较有影响的是技术创新扩散的传播论，它最早起源于对社会学的研究。法国社会学家加布里埃尔·塔尔德（Gabriel Tarde）提出了“模仿律”，他用发明和模仿这两个因素的作用来解释一切社会生活现象；他还提出了“S型传播理论”。后来，美国学者芮恩（Ryan）和葛乐思（Gross）对1927年至1935年推广玉米新品种的传播过程进行了观察和研究，发现人们对玉米新品种的采用率的变化同塔尔德发现的S型曲线相似。

拉扎斯菲尔德（P. F. Lazasfeld）等人通过调查发现，信息从大众媒介到受众需要经历两个阶段：首先从大众传播到舆论领袖，然后从舆论领袖传播到社会公众，这就是著名的两级传播假设（Two-Step Flow Hypothesis）。两级传播理论的提出将扩散理论进一步推向成熟。罗杰斯（Everett M. Rogers）是扩散研究史上最著名的学者，他深入调查农村中农作物新品种、新农药、新机械等新事物的采用和普及过程，于1962年出版了《创新的扩散》。该书对大众传播和人际传播的作用进行了比较，重点研究了社会进程中创新成果是如何被人知晓以及是如何在社会系统中得以推广的。罗杰斯将传播论的研究推向了高潮，同时奠定了其在创新扩散研究中代表性人物的重要地位。《创新的扩散》经过多次修订，在他去世前一年（2003年）还出版了第5版。

传播论是技术创新扩散研究中最具影响力的一种理论，在扩散研究中长期占据核心地位，至今仍然是创新扩散研究的主流理论。与此同时，还有许多学者尝试从其他角度来模拟或刻画创新的扩散问题，除了前面提到的“S型传播理论”外，还发展出多个创新扩散理论或模型。杰罗斯基（P. A. Geroski）在《产业人口的动态模型》（*Modelling the Dynamics of Industry Population*）中对创新扩散的文献进行了系统的梳理。文中提到，随着时间的推移，新技术的使用通常遵循S曲线，最常见的模型就是流行病模型；领先的替代模型通常被称为Probit模型；第三类模型是由人口生态学家推广的密度依赖模型。

巴斯（Frank M. Bass）提出了“模仿模型（Imitation Model）”的概念，基于市场规模、创新者和模仿者的行为假设给出了一个简短而完整的数学推导模型。此后，通过不断完善，1969 年巴斯教授完整地阐述了该模型，并通过实例验证了模型的有效性。巴斯教授经典的 Bass 模型论文后来成为营销科学领域内被引用次数最多的文章。福瑞斯特（Jay W. Forrester）通过综合系统理论、控制论、信息论、决策理论及电脑模拟等发展出了系统动力学模型。另外，传染病模型也是一种扩散模型，最初被用于研究传染病的传播速度、空间范围、传播途径、动力学机理等，后来也被用于技术创新扩散的研究。

除上述模型以外，概率模型、Logistic 模型、博弈论方法模型等，也经常被用于研究技术创新扩散问题。莱因甘姆（Reinganum）首次将博弈论应用于技术创新扩散研究；齐斯（Ziss）构建了一个两阶段双边寡头博弈模型，用以分析科学研究与试验发展（Research and Development，R&D）的技术溢出效应；Chan-Yuan Wong 等认为科学技术生产可以是扩散过程中自我传播成长的结果。基于 Logistic 模型比较新兴国家（中国、马来西亚、泰国）与新兴工业化国家（新加坡、韩国）以及日本之间的科技成长行为，结果表明，新兴经济体的科技发展呈现动态的自传播增长，而新兴经济体的科技发展潜力相对较低，且处于静态；日本的科技增长水平似乎已经达到了一个高度，而新兴经济体仍在收获科技相互作用的动力，还处于这一发展过程的初始阶段。此外，杨国忠、华锦阳、李金勇等也在此方面进行了研究，并获得了许多可供借鉴的有意义成果。

1.2.3 技术创新扩散影响因素的研究

技术创新扩散的影响因素比较复杂，基于技术创新的特性及经济学视角，从对象、范围、重要程度等方面研究影响技术创新扩散的主要因素，对于理解技术创新扩散机制十分重要。

早在 20 世纪初期，塔尔德的研究就涉及了这方面的内容。他认为，在一个新思想的传播扩散过程中，领导者非常重要。如果社会体系中的领导者采用了一个新思想，S 曲线会出现飞快上升，其中发明和模仿是最基本的社会行为。曼斯菲尔德第一次对工业领域技术创新扩散问题进行了研究，他认为工业技术传播的速度取决于企业规模、新技术的可期利润、企业增长率等因素；进一步研究表明，创新的优越性、不确定性、投资额大小等也会影响创新扩散的速度。斯里瓦斯塔瓦（Srivastava）通过建立一个多属性的扩散模型对投资选择的采用进行了预测，他认为影响技术创新扩散的因素有五个，包括信息成本、资本损失、抵制通货膨胀的能力、实现投资目标的可能性和总风险。罗杰斯认为技术创新的特性决定了技术创新扩散的速度，如创新的复杂性、和谐性、效果显著性、相对优势性、兼容性、可观测性等。Jean-Marie Grether 基于生产函数估算了 1984—1990 年间墨西哥制造业的生产效率，研究发现，外资对工厂一级的生产效率有积极的影响，但与跨行业研究相反，外资对部门一级的生产效率没有显著的溢出效应；经进一步分析后发现，工厂的规模和聚集经济有利于技术扩散，但其与国际贸易的相关性并不明显。

随着研究的深入，近些年来部分学者的关注点由技术的发源方转移到了接收方，重点关注接收方的门槛效应问题，目前的研究文献多是针对外商直接投资（Foreign Direct Investment，FDI）的研究。苏拉菲尔·吉尔马（Sourafel Girma）基于跨国公司制造业数据，采用门限回归技术探讨了 FDI 对生产率的影响，结果表明：接收地的吸收能力存在一个门限值，当吸收能力低于门限值时，FDI 的生产率溢出几乎为零甚至是负数；当接收地的吸收能力达到或超过门限值时，FDI 的生产率收益随着吸收能力的提高而增加，直到某个阈值水平变得不那么明显为止。Josip Tica 和 Luka Šikić 研究了欧盟新成员国与核心国家之间技术扩散渠道的相对重要性，即全要素生产率在欧盟成员国内部的收敛性和技术扩散。他们构建了面板向量自回归模型（PVAR）模型，因变量为全要素生产率（TFP），自变量为代表技术扩散渠道的进口、出口、FDI、研发、人力资本和固定资产形成等影响因素。总体结果表明，欧盟新成员国 TFP 存在收敛性，生产率差距的缩小是一个异质性的过程，是一个国家特有的问题；在技术扩散的影响因素中，FDI 和研发是主要驱动因素。

余泳泽基于“技术势能”假说对我国高技术产业数据进行了研究，验证了其中存在的“门槛条件”。何兴强等采用非参数方法测算全要素生产率，并运用门槛回归模型分析技术溢出在技术扩散的多个因素中都存在非线性门槛效应。张勋等将经济互动分解为知识溢出和技术扩散，研究结果表明，加强专利技术的保护有利于增强技术扩散效应。周源研究了中国制造范式升级中共性使能技术的扩散，研究表明，技术的就绪度、预期经济收益度、政策干预扶持度、开发服务的协同度等因素对共性技术扩散具有显著的正向影响。

1.2.4　技术创新扩散维度研究

技术创新扩散涉及的研究层面及传播途径也是相关研究的重要方面。布朗（Brown）和考克斯（Cox）对创新扩散的研究成果进行了梳理和归纳，认为技术创新扩散包括三个层面：时间上的扩散（Diffusion in Time）、地理空间的扩散（Diffusion in Geographic Space）以及中心地系统的扩散（Diffusion in a System of Central Places）。

技术创新扩散的研究最初主要从时间维度展开，如塔尔德提出的模拟者比率在传播过程中随时间扩散呈现 S 曲线；熊彼特、曼斯菲尔德等也重点讨论了技术创新随时间推移扩散的问题。随着人们对创新扩散的认识日益深刻，研究维度逐渐拓展，后人的研究更多地关注技术创新的空间扩散问题。实际上，这三个维度的扩散无法完全分开，中心地系统的扩散本身就是一个局部空间的扩散；并且随着时间的推移，创新扩散的展开必然是在空间上体现出来的。对空间技术创新扩散问题的研究始于哈格斯特朗（Hagerstrand），他采用模拟法对空间距离如何影响农业技术创新扩散进行了研究。Hsueh 研究了企业采纳创新的时滞与企业所处的城市等级的关系，认为一个企业所在地的城市等级越高，企业采纳创新的时滞越短。Ji Uk Kim 通过建立空间模型研究了亚洲 11 个国家的空间依存关系。敏感性分析研究结果验证了技术扩散模型的绝对收敛假设和条件收敛假设，并且证实人力资本投资率、全要素生产率和贸易对相对收入的总体影响是显著正向性的，亚洲国家的技术创新大多是通过吸收能力与贸易相结合的方式转移的。

近年来，有关我国技术创新空间扩散的问题引起了学者们的关注。张经强采用面板数据方法，对我国四大区域的技术创新扩散效应进行了实证研究。舒元和才国伟采用 DEA 模型并结合非线性广义最小二乘法探讨了我国省区之间技术的空间扩散问题。金刚和沈坤荣首先借助超越对数生产函数形式的随机前沿模型测度了2003—2010年间我国34个省（市、区）规模以上的工业企业技术效率和技术进步值，并基于探索性空间数据分析方法（Exploratory Spatial Data Analysis，ESDA）研究了省际规模以上的工业企业技术效率和技术进步空间扩散效应的时空演化特征。王赫和吴朝阳采用空间计量方法对经济差距对技术溢出与技术交流的影响问题进行了研究，研究结论认为，不同地区的经济差距阻碍了技术溢出，只有经济差距较小的地区间技术交流或者技术扩散才对技术创新产生正向影响。李金城和王林辉基于技术扩散理论，通过建立通用嵌套空间计量模型，对我国34个省（市、区）的技术扩散对技术进步偏向性的影响进行了研究，结果表明，代表技术扩散的贸易开放和外资投入对技术进步偏向性的影响作用最为明显，其次为人力资本和技术创新水平。

1.2.5 国际技术创新扩散问题

随着经济全球化及世界经济一体化发展，FDI、国际贸易等经济活动伴随着技术创新扩散问题的发展，国际间技术创新扩散的研究也逐渐引起学者们的关注。长期以来，FDI都被认为是国际技术扩散的重要渠道，马库森（Markusen）、福奥斯福锐（Fosfuri）等众多有影响的研究者都认为，公司的某些技术通过在母子公司之间共享而在不同国家之间进行转移，FDI可通过劳动力培训和销售或通过高质量中间品的提供对不同国家的企业产生技术创新扩散。Difei Geng等认为，FDI在促进国际技术扩散过程中起着重要的作用，绿地投资通过在东道国启动新产品的生产以及改进现有的生产流程中产生新技术知识的转让；跨国公司大幅增加了在世界各地的研究设施以及与发展中国家（尤其是中国和印度）公司研发合作方面的投资，加速了全球生产率的提高。

David T Coe、赫尔普曼（Elhanan Helpman）、伊顿（Jonathan Eaton）和科图姆（Samuel Kortum）等研究认为，相对于出口和FDI等其他渠道，进口是国际技术扩散的首要渠道，尤其是中间品的进口和国际技术贸易。Imen Daoud Naanaa等通过分析1970—2012年突尼斯五种制造业的技术溢出及其传导渠道，研究了技术变革在经济增长中的作用；结果表明，对外国公司的开放及信息与通信技术贸易（ICT）在技术扩散中发挥了重要作用，但外国公司的存在并没有成为突尼斯制造业部门技术扩散的工具。吕宏芬梳理了有关外贸经济与技术扩散的众多理论和实证文献，认为国际贸易、外商直接投资（FDI）和信息的交流等对国际技术创新扩散有重要影响，其中国际贸易和FDI是最重要的扩散渠道，国际技术扩散已成为发展中国家和地区获取技术进步和经济增长的主要途径。黄新飞建立动态面板模型，运用广义矩估计方法（General Method of Moments，GMM）分析国际R&D（科学研究与试验发展）资本的溢出渠道和影响因素，研究结果表明，国际R&D资本溢出效应的主要渠道为FDI，出口贸易的溢出效应小于进口贸易。

1.2.6 国内外研究述评

综合前面的文献梳理可以看出，国内外学者就技术创新扩散的研究涉及技术创新扩散的理论发展、影响因素、技术创新扩散的时间与空间维度，以及国际技术创新扩散问题等多个方面。经过100多年的发展，大量的研究文献为本书的进一步深入研究提供了重要参考。通过梳理现有研究文献可知，尽管现有研究已经相当丰富，但仍然存在一定的空白，为本书的研究提供了空间。

（1）研究视角存在待突破之处

现有的文献研究已经汇集了多方面的视角，但关于特定国家之间国际技术创新扩散的研究相对较少。现有的技术创新扩散研究多集中于某个行业层面，或是对具体产品和技术的扩散研究，而对国家宏观层面技术扩散的研究比较少见，需要在此方面予以关注。

（2）技术创新的影响因素研究存在不足

技术创新扩散的影响因素众多，涉及宏观与微观等多个方面。现有研究多着重于微观层面，大多数宏观层面的研究仅涉及几个主要因素，难以反映多种影响因素的综合作用。将多方面因素考虑进来，进行通盘研究的文献比较少见，因此可以加强此方面的研究。

（3）研究方法存在一定的局限性

学者们开发了多种模型用以研究技术创新扩散问题，每种模型各有优点与不足之处。开发一种新的研究方法，开辟一个新的研究视角，或者借鉴其他领域的研究模型，应用于技术创新扩散问题的研究，是努力的方向之一。

1.3　研究内容和研究方法

1.3.1　技术路线图与研究内容

本书的主体研究内容设计遵循递进的原则（见图 1-1）。首先，基于技术创新扩散的理论基础，对技术创新扩散的组成系统进行分析；其次，剖析技术创新扩散的测度方法，在对技术扩散的经典模型进行分析的基础上，分析技术扩散的水平及效应的测度方法，并对本书采用的测度方法进行初步论述；再次，就中美技术创新扩散的模式、扩散环境、扩散成效、扩散的影响因素进行理论和实证对比分析；最后，对中美间的技术创新扩散效应进行测度，并结合研究结果提出促进我国技术创新扩散的对策。

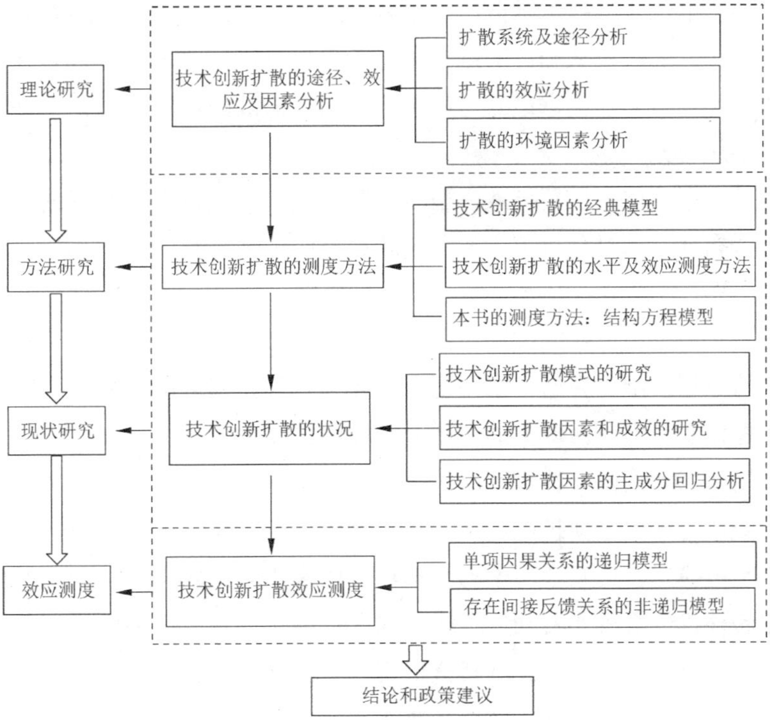

图 1-1　技术路线图

本书的研究内容设计如下：

第 1 章绪论部分。首先，分析本书的研究背景及意义；其次，分别从扩散理论的发展、扩散影响因素的研究、扩散维度的研究以及国际技术创新扩散等多个方面着手，对文献进行系统的梳理，并在此基础上探讨现有研究的不足，为本书的创新提供理论视角；再次，概述本书的主要研究内容、涉及的研究方法等；最后，归纳总结本书的主要创新点及研究不足等。

第 2 章为技术创新扩散机理研究。本章旨在为本书的研究奠定理论基础。首先对本书的主要研究概念，特别是那些比较熟悉而又难以严格加以区分的概念进行界定，如对创新与技术创新、技术创新扩散与技术扩散、技术创新扩散与技术转移等进行具体的分析界定。在界定概念的基础之上，分析技术创新扩散系统的构成——扩散源、扩散途径、扩散接收地以及扩散环境。从扩散系统来看，不同的扩散途径，扩散的效率不同。本章分析了以人、物、资本、网络、中介机构为载体的不同扩散途径的扩散成效。技术扩散的结果就是产生一定的效应，随后本章对技术创新扩散的效应从理论上进行了分析。由于任何技术扩散都是在一定的环境中进行的，本章最后对影响技术创新扩散的环境在理论上进行了较为系统地分析。

第 3 章为技术创新扩散模型与测度方法。本章旨在为本书的研究提供方法指导，同时分析关于技术创新扩散的测度方法。本章首先介绍了 S 曲线的扩散模型、引力模型、最大熵模型等，这些模型是现有研究技术创新扩散的经典研究方法，但主要应用于微观研究领域。本书拟采用的结构方程模型，在这一章中也有说明，并且介绍了测度技术创新扩散的指标体系，为下面章节的实证分析提供了方法指导。

第 4 章为国内外技术创新扩散模式分析。本章主要分析了中国、德国、美国的技术创新扩散模式。首先分析了德国和美国两个发达国家的技术扩散模式，这两个国家的技术转移体系相对比较完善，德国的主要技术转移机构既有非营利性组织，也有市场化模式运作的组织。美国的技术转移机构以市场化技术转移机构为主。随后，分析了我国高校、科研院所等研发机构的技术创新扩散模式，总结了各国技术扩散的模式特点，提出了完善我国技术扩散模式的建议。

第5章为我国技术创新扩散因素和成效分析。扩散因素在技术创新扩散中起着重要作用，直接影响技术的研发、转移及进一步的技术创新。本章通过统计方法从政策环境、技术创新的资源保障以及技术扩散中介三个大的方面分析了技术创新扩散的影响因素。本章对于反映技术创新扩散成效的各项指标，都收集了相应的数据，通过对数据的统计分析反映技术创新扩散的成效。

第6章为基于主成分回归的我国技术创新扩散因素分析。本章运用主成分回归分析方法，从国家层面建立了两个主成分回归模型，对我国技术创新扩散的影响因素进行实证分析。两个模型的一级指标相同，二级指标设计有所不同，通过对两个模型回归结果的比较分析，验证了影响因素的各类一级指标对于技术扩散影响的稳定性。

第7章为基于国际视角的我国技术创新扩散效应测度。本章通过建立结构方程模型从国际视角测度技术创新扩散对于我国技术进步的影响。本章在综合考虑多方面影响因素的情况下建立了结构方程模型的指标体系，并在此基础上建立了两个模型：单因素递归模型和具有反馈关系的非递归模型。通过两种模型对技术创新扩散效应进行测度，分析各种因素在技术扩散中所起的作用。非递归模型还考虑自变量之间的相互影响。本章的指标体系及评价模型中考虑的因素较全面，使实证分析结果更为客观。

第8章为结论与政策建议。本章主要是根据前面各章的分析结果，总结我国技术创新扩散中的不足，并提出了进一步完善我国技术创新扩散体系、提升科技成果转化效率以增强我国科技创新竞争能力的政策建议。

1.3.2　研究方法

本书采用的主要研究方法包括：

（1）结构方程模型分析法。结构方程模型是一种综合性、系统性的分析方法。它结合了多元回归、路径分析、因子分析、协方差分析等方法的优点，能够比较直观地反映变量之间的相互关系及变量对总体的作用。本书将结构方程模型分析法应用到创新扩散分析中，并对中美两个国家技术创新扩散效应进行了测度。

（2）主成分回归分析法。主成分回归分析法是一种结合多元降维思想的多元回归方法。它的优点在于降维，能够将多个变量的信息集成到少数几个变量中，使问题的分析更加聚焦，以便抓住主要矛盾，分析主要问题。

（3）偏最小二乘法。偏最小二乘法是针对多变量模型的一种估计方法，可以用来处理缺乏理论知识的复杂问题，它没有严格的分布和样本数据量的要求，更适合偏峰、多峰和小样本数据。本书第 7 章在对结构方程模型进行估计时，考虑到本书样本截面数量较小，采用偏最小二乘法进行估计，能够得到较满意的估计结果。

（4）对比分析方法。本书实证部分采用对比分析方法，其中在对技术扩散影响因素分析中，采用主成分回归模型，为印证分析方法的合理性，建立了两个主成分回归模型对回归结果进行对比分析。在对扩散效应的分析中，建立了两个模型：单项因果关系的递归模型和存在间接反馈关系的非递归模型，并对两个模型的结果进行了对比分析。

本书研究的主题是对我国技术创新扩散现状及扩散的效应进行研究，涉及技术创新扩散的政策、成效、模式和创新的投入等多个方面，研究过程中对比的思想随处可见。对比分析法是本书采用的一种研究方法。

1.4 研究的创新与不足之处

1.4.1 研究的创新之处

（1）方法的创新。现有的关于国际技术扩散的研究多是建立计量模型，本书则通过建立结构方程模型对我国技术创新扩散的效应进行分析。本书分别建立递归模型和非递归模型，对我国的技术创新扩散进行测度，对模型中各个潜变量之间的因果关系进行路径分析，拓展了结构方程模型的应用领域。

（2）影响因素的考虑更为综合和全面。现有研究对技术扩散影响因素的选择大多比较有限，缺乏对影响因素考虑的综合性和全面性。本书自变量的选择综合考虑了各方面的影响因素，首先基于主成分回归分析，构建包括创新投入、科技成果、科技中介、信息服务技术、科技政策五个方面共 12 个指标所构成的指标体系；而结构方程模型分析，是基于我国作为扩散接收方的视角，构建包括贸易与投资、国际差距、经济环境、政府政策、科技环境、基础设施、吸收能力7个潜变量，18个观测变量的自变量指标体系，研究我国的技术创新扩散效应。

（3）本书对我国技术创新扩散的研究更为系统。从文献梳理中可以看出，现有文献主要集中于对某个细分行业和某项微观技术的扩散研究，从整个国家的宏观层面来对我国技术创新扩散进行研究的文献较少。本书从多角度对我国的技术创新扩散进行了系统研究。首先，基于国家层面研究了中国技术创新扩散的模式、影响因素及成效，并根据研究结果分析了每个方面的特点，以发现我国在技术创新扩散方面的不足；其次，在对技术创新扩散状况研究的基础上，进一步对技术扩散的效应进行测度。

1.4.2　研究的不足之处

本研究的不足之处在于：

（1）虽然从国家层面对我国技术创新扩散进行研究具有概括性，但缺乏深入性。由于研究思路的设计，对于技术创新扩散影响因素的研究，是从整个国家层面收集时序数据，建立主成分回归模型。与面板数据相比，对主成分回归模型影响因素的考虑更加全面，但分析结果缺乏深入性。

（2）相比于计量模型，结构方程模型难以从多角度进行分析。结构方程模型的优点在于不仅可以同时处理更多的因变量，而且可以进行因子分析，还能够分析多个多变量之间的因果关系，但无法像计量模型一样，实现对变量分组回归、异质性分析等多角度的研究。

第2章 <<<

技术创新扩散机理研究

2.1 研究概念的界定

技术、创新与技术创新扩散等是与技术创新紧密相联的概念，对这些概念进行科学界定与辨析，对本书的研究至关重要。

2.1.1 创新与技术创新

(1) 创新

创新的概念正式形成于20世纪初期，创新思想的萌芽则始于18世纪。

熊彼特在1911年出版的德文版《经济发展理论》中，首次提出了“创新理论”①。《经济发展理论》一书在1934年被翻译成英文，首次使用了创新（Innovation）一词。熊彼特又于1939年出版了《商业周期》一书，在书中他对创新理论进行了比较全面的论述。熊彼特认为，生产是原材料和力量的组合，用不同的方式把这些原材料和力量组合起来形成“新的组合”即创新。在书的附录“经济变动的分析”中，熊彼特总结了创新的概念，他认为创新就是生产函数的变动，而这种函数是不能分解为无限小的步骤的。在这里，创新被理解为建立一种新的生产函数，即将一种生产要素和生产条件的“新组合”引入生产体系中②。熊彼特是第一位使用“创新”来解释经济发展的经济学家，开创了“创新

---

① 熊彼特在该书的正文当中，并没有直接提出“创新”一词，而是使用“新的组合”来指代创新。

② 这是国内常用的关于创新的概念，实际上并不是熊彼特的原话，而是张培刚教授在《经济发展理论》中译本序言当中的总结。见［美］约瑟夫·熊彼特. 经济发展理论. 北京：商务印书馆，1991：iii。

理论”的先河。从概念内涵来看，熊彼特的创新概念是比较宽泛的，它不仅包括技术创新，还包括组织创新和管理创新等形式，是广义的创新。

20 世纪 60 年代以后，学术界日益重视对创新的研究，关于创新的理论与实践研究逐步发展。出于对创新活动进行监测的需要，OECD 组织（经济合作与发展组织）从 20 世纪 80 年代开始研究创新，于 1992、1997、2002、2018 年分别出版了四版关于创新的调查指南——《奥斯陆手册》。在手册当中，OECD 从企业的角度对创新进行了定义，指出创新是一种新的或改进的产品或业务流程（或其中的组合），它与公司以前的产品或业务流程明显不同，并且已经被公司引入市场或投入使用。此概念主要针对企业部门而言，强调产品或业务流程上的创新；出于调研的目的，广泛存在于高校及科研机构当中的其他创新活动，如研发（R&D）活动并没有包含在内。这个概念目前被广泛应用于世界各国关于企业的创新调查中。

从上述分析可以看出，无论是从哪个角度形成的创新概念，均突出其新颖性，强调它是一种具有新颖性的生产活动；从经济学角度看，学术界更倾向于采用熊彼特定义的创新。

（2）技术创新

第二次世界大战之后，出于恢复经济的需要，世界各国越来越重视创新。初期，学术界研究的创新主要是熊彼特界定的较宽泛的创新。首次明确提出技术创新的是经济学家卡罗琳·萧·索洛，他于 1951 年全面梳理了技术创新理论，并提出了技术创新成立的两个条件：一是新思想来源，二是后阶段的实现发展。索洛的两步论被认为是技术创新概念界定中的里程碑。

直到 1962 年，伊诺思才首次对技术创新下了明确的定义，他认为，技术创新是几种行为综合的结果，这些行为包括发明的选择、资本投入的保证、组织建立、制定计划、招用工人和开辟市场等。可见，他是从行为过程的角度进行定义，强调的是行为过程的综合；并且他对创新的定义也比较宽泛，包括技术、资本、市场、人员、组织等多个方面。

对于技术创新比较有影响的定义出自曼斯菲尔德，他认为产品创新是从企业对新产品的构思开始，以新产品销售和交货为终结的探索性活动，是一项发明的首次商业化应用，是发明的后续阶段。由此可见，他的定义主要是从产品创新的角度出发。曼斯菲尔德关于技术创新的定义得到了学界的广泛认可，成为后续学者研究技术创新公认的定义。此外，国外还有一些学者，如厄特巴特、弗里曼等也对技术创新进行了研究界定，技术创新的概念趋于完善。

我国学者对技术创新也进行了广泛的研究，其中有代表性的是傅家骥给出的技术创新定义。他认为，技术创新是一种生产经营系统，这一系统之所以被称为技术创新，是因为它比其他生产系统效率更高、费用更低、效能更强，这一系统会不断地推出新产品，运用新的生产工艺，开辟新的市场或者建立新的组织等。傅家骥还进一步区分了狭义的技术创新和广义的技术创新，把始于研究开发而终于市场实现的技术创新称为狭义的技术创新，把那些“始于发明创造终于技术扩散”的技术创新称为广义的技术创新。我们通常所熟悉的技术创新，主要指狭义的技术创新。他还指出，技术创新不同于发明创造，它是一种经济行为，它始于研究开发而终于市场实现。结合该定义给出的具体条件或过程来看，傅家骥给出的技术创新的定义是比较宽泛的，更接近于熊彼特给出的创新定义。

通过上述几种技术创新定义可以看出，虽然国内外不同学者对技术创新有不同的理解，但综合起来，技术创新可以总结为如下特点：① 活动的主体是企业；② 以获取商业盈利为目的；③ 是生产条件或要素的新的组合；④ 一般包括产品创新和工艺（过程）创新。概括起来，在企业组织当中进行的符合上述条件的生产活动，都可以被称为技术创新。从 20 世纪 60 年代技术创新的概念开始成熟之后，技术创新逐渐成为创新的主体部分，很多时候学者们提到的创新都侧重于技术创新。

由上述分析可以看出，创新与技术创新的概念在内涵上存在差别，但联系比较紧密，有许多相似之处。本书的研究重点在于技术创新，但考虑到行文的方便，本书后面部分不再严格区分创新与技术创新，而是根据行文适当采用创新或技术创新的表述。

2.1.2 技术创新扩散与扩散效应

自 20 世纪 60 年代技术创新的概念形成之后，学者们就已经注意到技术创新扩散的问题，但初期的研究往往将技术创新扩散与技术创新放在一起。20 世纪 80 年代，斯通曼（Stoneman）对技术创新扩散模型进行了深入的研究，推出了新的技术创新扩散模型。此后，技术创新扩散作为一个独立的研究领域发展起来。

熊彼特在对创新进行研究的同时，也对创新扩散予以了关注，认为创新扩散是一种模仿行为。史密斯（Smith）认为技术从一个区域转移到另一个区域，或者技术在不同使用者之间传递，即为技术扩散。科莫达（Komoda）对技术扩散的界定更侧重于对技术的吸收，强调引进方在无外力帮助的情况下能够对技术进行完全地吸收，才算是成功的技术扩散。

事实上，很多经济学家都对技术创新扩散的定义进行过界定与讨论。通俗来讲，技术创新扩散就是技术创新在不同主体之间、不同地区之间的传播或转移的过程。单从技术创新本身来看，它是一个微观层次的问题。技术创新的主体往往是企业，技术创新代表着创新企业的技术领先性，企业借此可以获取超额利润。这种可以获取超额利润的优势吸引着众多企业竞相模仿；假以时日，这种新的技术会逐渐扩散到更多的企业乃至更广泛的地区。从另一个角度看，对于整个社会来讲，单个企业的技术创新还不够，技术只有由先进企业向落后企业扩散、由技术先进地区向技术落后地区扩散，才能促进社会整体技术水平的提升，这就是技术创新的扩散过程。

扩散效应指经济发达地区由于拥有更多优势资源，会成为经济扩张的中心，其优势的技术、资本、人才等资源会向周围地区扩张，形成一种辐射效应，带动周围地区经济的发展和基础设施的改善，使周围地区逐步缩小与经济发达地区的差距并最终赶上其经济发展水平。现代社会由于通信和交通越来越发达，扩散效应已经不再局限于中心地区对于周围地区的扩散，远距离的扩散效应广泛存在，不相邻的市与市之间、省与省之间、国与国之间，扩散效应普遍存在。本书所要研究的是技术扩散效应，是发达国家对我国的技术扩散效应，是技术发达国家向技术相对落后国家的扩散效应，属于国际技术扩散效应。

2.1.3　技术创新扩散与技术扩散

技术是经济学中经常用到的一个概念，尤其是在现代经济增长理论中，技术进步已成为一个重要的因素。关于技术的概念，经济学家有多种解释，大体可以理解为生产或使用某种物品所需的技巧、知识或程序。与创新相比，技术侧重于强调现有技术水平的静态过程，强调的是目前存在的状态。技术有先进与落后之分，先进技术往往比落后技术具有更高的生产效率，在投入成本、产品产出等方面具有优势，代表着一个产业的发展方向。而技术创新是技术变化发展的过程，它强调的是一个动态变化状态，是新技术替代旧技术的过程；另外，技术创新更强调市场性，往往是企业面向市场需求而进行的技术改进与创造。

技术扩散就是新技术的传播过程，包括使用主体之间的传播，以及区域之间的传播等，一般是由技术先进方向技术落后方传播。与技术创新扩散相比，二者的区别主要在传播的内容上，比较而言，技术扩散的内容涵盖范围更广泛；但二者的扩散途径与方式等，具有较高的相似性。

由于技术扩散和技术创新扩散具有较强的内在联系，二者难以严格区分，因此在很多的研究文献中，并没有特别注意区分技术扩散和技术创新扩散。考虑到实际情况，本书后面部分不再严格区分技术扩散和技术创新扩散，为了行文方便所采用的“技术扩散”“创新扩散”或“技术创新扩散”等，均指技术创新扩散。

2.1.4 技术创新扩散与技术转移

技术转移是技术在国家、地区、行业内部或行业之间进行转让或交易的过程，它是技术在市场需求作用下进行的一种流动。

技术转移与技术创新扩散是意思非常相近的概念。技术转移是知识的传播与扩散，一般是有偿转移，而且具有产业特征。就当前国内外技术转移的情况来看，技术转移有两个值得注意的特点：① 技术转移往往是按照市场规则进行的交易活动，一般是通过中介机构进行的。从性质上看，它属于技术扩散的一种方式，是技术通过市场中介活动进行的扩散方式。② 技术转移更强调一种主观性，它是市场主体之间有目的地进行的经济行为。

虽然可以从理论上对技术创新扩散与技术转移进行界定，但在实践中要清楚地区分技术创新扩散与技术转移仍然十分困难。因此，本书在后续研究中不再严格区分技术创新扩散与技术转移，而是将技术转移作为技术创新扩散的一种方式对待处理。

2.1.5　国际技术创新扩散

国际技术创新扩散也称为国际技术扩散，指一个国家的技术通过贸易、投资等渠道为另一个国家所获得、使用、模仿、吸收和再创新的过程。国际技术扩散不是接收方对扩散方技术的简单翻版，而是综合考虑本国的政治、经济、文化、技术、教育等社会实际情况，对引进的技术进行改造，使之适应这些外部环境，从而为本国的发展服务的过程。国际技术扩散包括有意识的技术转移和无意识的技术传播。根据技术扩散理论和社会发展的实践经验，国际技术扩散的主要渠道为进出口贸易与 FDI。

2.2　技术创新扩散系统的构成

技术创新扩散是由发源地向接收地扩散的过程，是一个复杂的系统。它有四个基本组成部分：扩散源、扩散途径、扩散接收方，以及对它们产生影响的扩散环境，四者之间的系统结构见图 2-1。

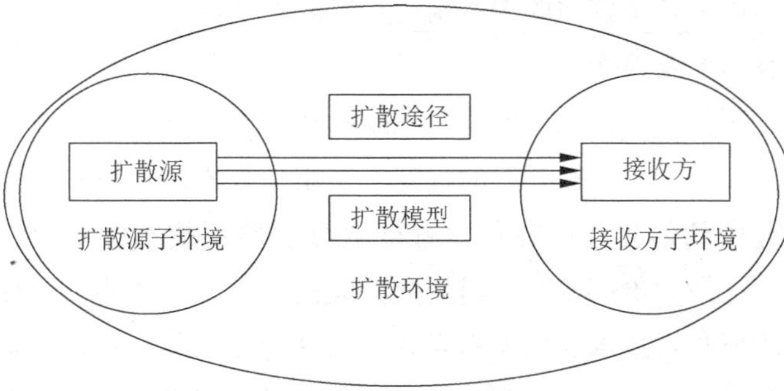

图 2-1　技术创新扩散系统构成

在创新扩散系统中，扩散源指技术创新的发源方，即拥有较先进或优势技术的扩散方，因为其具有技术比较优势，成为技术创新扩散的源头；扩散源可以是技术较先进的企业，也可以是由若干个企业组成的集团或某一地域。扩散接收方指接受先进优势技术的一方，是创新扩散的目的方；它也可以是某个企业、企业集团或某一地域。扩散途径即技术创新由扩散源向接收方扩散的途径。在经济全球化背景下，扩散的范围是全球，扩散途径包括人员流动、技术转移、贸易、投资等多种形式。

需要注意的是，在这个技术创新扩散的运行系统中，无论是扩散源、接收方还是扩散途径，均受到所处扩散环境的影响。所谓扩散环境，就是影响扩散的外部社会运行系统的各种因素的组合，具体包括扩散源所处子环境、接收地所处子环境，以及扩散途径所处子环境等，如宏观经济状况、人力资本储备、基础设施情况、信息资源情况、中介机构成熟状况等，这些外部因素同样影响技术创新扩散的有效运转。

2.3 技术创新扩散的主体

在一个技术创新扩散体系中，扩散源是新技术的发源方，接收方是新技术扩散的目的方，二者所处的状态影响着扩散的成效。

2.3.1 扩散源分析

技术创新扩散源是新技术的发源方，是技术创新向外扩散的源头。技术创新是一个动态的过程，它是对原有技术的升级与创造。对于扩散源来说，由以下几个方面的因素制约着扩散的进程。

(1) 技术本身因素

一项创新技术的扩散速度取决于技术本身的特性，比如新技术的技术价值大小、技术易于被了解的程度、采用新技术的预期收益等。新技术在同行业中的领先程度在很大程度上影响着新技术的扩散，一般来说，新技术的技术价值越高，越受人们关注，扩散也越容易。评价新技术的价值主要是对技术的领先程度等方面进行评估与分析，包括扩散技术本身的先进性、可替代性和成熟度，技术所应用行业的发展趋势和适用范围，以及配套技术的依存度等。技术的领先程度主要从技术所解决的问题、技术手段、技术效果等方面进行评估，评估结果为行业领先的技术，扩散较为容易。技术所在行业的发展趋势、配套技术的依存度、可替代性、成熟度等也决定着一项技术的价值，综合评价结果显示：行业内企业更倾向于引进价值相对较高的新技术，其扩散相对较快，反之，则扩散较慢。

新技术易于被了解的程度也影响其扩散速度。首先，一项新技术的优越性越容易被描述，也就是新技术的优越性能够转化为信息，并通过口头和书面的形式进行传播，使拟采纳者能够了解其优越性，越有利于新技术的扩散。其次，新技术的复杂程度也影响其扩散速度。新技术越复杂，对于使用者的要求越高，要求采纳方的使用人员专门学习新技术的使用方法。有的技术知识非常专业，对于研发人员来说学习起来难度不大，但对于使用人员来说，其专业素质往往不如研发人员高，学习使用起来难度相对较大。这就要求研发者和使用者相互考虑对方的利益，相互适应，才有利于新技术的扩散。

新技术的预期收益也是影响技术扩散的主要因素之一。企业拟采用一项新技术时，首先考虑的是新技术所能带来的预期收益，也就是新技术所能带来的经济价值。一项新技术所能带来的经济价值越大，企业越倾向于采纳；反之，所能带来的经济价值小的技术，很难引起企业的兴趣。经济价值其实是新技术总价值的一个方面，和技术价值密切相关，对于新技术经济价值的评估不能脱离其技术价值单独进行。经济价值的评估是涉及多方面指标的综合评估，除了对技术领先程度进行评估外，还应对新技术的市场应用、市场规模前景、市场占有率、竞争情况、政策适应性等进行评估。采纳企业一般会根据评估机构对新技术的技术价值和经济价值的评估结果，并结合本企业采用新技术后预期所付出的成本，测算其所能带来的收益。如果测算结果表明新技术在未来相当长的时间内能为企业带来可观的利润，或者虽然利润较少，但可以提升企业的行业地位和企业形象，有利于企业的长远发展，则新技术被采纳的可能性较高。

除上述因素以外，新技术涉及的法律问题、风险问题等也是影响新技术扩散的因素。新技术一般都会申请专利，专利的使用必然涉及知识产权及相关法律，比如专利技术的稳定性、实施的可规避性与依赖性、侵权的可判定性、多国申请、有效期、许可状态等。专利的稳定性就是一项专利在行使权利的过程中被宣告专利权无效的可能性，如果一项专利技术涉及侵权，在使用过程中就很有可能被宣告无效。此外，本专利是否在本国之外的其他国家提交过申请、专利有效期、专利权人是否许可他人使用本专利，以及专利经历侵权诉讼的情况等，这些都会影响新技术的扩散。新技术在应用的过程中是有一定风险性的，因为新技术中有很多不确定的因素，如果考虑不周，在技术应用的过程中，难免会出现问题，一旦问题处理不慎，可能会造成更大的损失。比如，一项新技术的应用成本较高，在应用过程中，要保证质量，争取一次成功，才能最大限度地控制成本。但是，在实际应用过程中可能由于管理不慎，或者工作人员操作不熟练，导致项目进程受阻，甚至项目无法达到预期效果而利益受损。这些都是新技术应用的风险，作为新技术的采纳方会考虑这些风险发生的概率，从而影响新技术的扩散进程。

（2）新技术的相对优势

一项新技术的可扩散性，取决于这项新技术相对于被替代技术而言是否具有一定的优势。比如，在能够显著降低生产成本、减少生产时间、提高生产效率、提升产品质量等众多优势中，新技术是否具备其中的一种或多种优势，成为技术创新被扩散的先决条件。如果厂商引进某种新技术可以降低生产成本，采用新的生产线可以提高产品产量，采用新的质检手段可以降低不合格率等，这些都是技术创新的价值所在，都是向其他厂商扩散的先决条件。这里所说的相对优势，并不是针对被替代技术具有全面的优势，而是在其他方面相当的情况下，某一方面或多方面具有相对突出的优势；同时，这种优势只要针对接收方具有比较优势，就具备了创新扩散的客观条件。

此外，新技术与其他技术相比，其真正的新颖性并不重要，重要的是，拟采纳方对新颖性的认可度，认可度直接决定采纳方对一项新技术的接受程度。还有一些技术创新并不能直接为采用者带来成本降低方面的优势，而是通过提升产品的品质、给产品购买者带来心理上的满足，进而促进产品销量提升、增加企业利润。如采用美颜新技术的手机能够给消费者带来新的拍照体验，虽然生产成本有所上升，但可以提升手机销量、增加厂商的利润。技术创新的相对优势可以理解为一种势能，具有高势能的技术创新具备向低势能方扩散的优势，这也是技术创新进行扩散的先决条件之一。

（3）新技术的相容性

新技术与原有技术的相容性，影响技术创新扩散的速度与范围。对某种既有产品来说，向新技术升级可能有不同的技术升级路线；新技术与原有技术水平越接近，升级所需要进行的技术改造（如厂房改建、机器设备更换、生产线调整等）成本越低；反之，新技术与原有技术水平相差越大，升级改造的成本越高。如在手机通信网络从 2G 升级到 3G、由 3G 升级到 4G 的技术升级过程中，不同网络制式升级的路径差异比较大、成本也相差很多，这就限制了技术升级路径的选择。

一般来说，新技术与被替代技术之间的相容性越大，新技术越容易被接受，进行扩散的障碍越少，扩散的速度越快，扩散的范围也就越大；反之，新技术与原有技术之间的相容性越小，扩散的速度越慢，扩散的范围也就越小。

（4）扩散的经济成本

在现代经济社会条件下，一项新技术的诞生往往是有意识地进行研发创新的结果；同样，技术创新的扩散往往也是有意识推广的结果。新技术向外扩散所需的经济成本是影响扩散的一个重要因素。

扩散的经济成本涉及三个方面：一是开发方对新技术转让的收费，如专利使用费、许可证费用等，用以弥补技术开发费用。在技术转让市场比较成熟的国家或地区，一般有专门的中介市场或机构对此项费用进行定价，协助完成技术转让。二是扩散媒介的成本，也就是后文所涉及的扩散渠道所需要的费用。在市场经济活跃的地区，市场中介机构越发达，扩散媒介的成本越低。三是技术接收方进行适应性新建或改造的成本。新技术要替代原有的技术，必然要对原有生产条件进行改造或淘汰，这方面的成本也是接收方需要考虑的重要因素。

2.3.2　接收方分析

技术创新扩散的接收方是接收创新扩散的实体或区域，是技术创新扩散的目的方。接收方的研究及技术水平、地域发展状况、人力资本水平、产业配套程度、基础设施状况等，都影响着技术创新的扩散。

（1）研发及技术水平

对于接收方企业来说，其 R&D 活动的活跃程度不仅决定着企业自身的创新，同时也影响着企业采纳新技术的决定。

第一，R&D 能力强的企业，本身就能靠新技术引领整个行业，拥有竞争优势，所以更容易做出采纳新技术的决策。这类企业可能具备自主创新的实力，但自主创新不仅费用高而且时间长，如果企业仅依靠自主创新往往容易丧失市场机会。而技术引进虽然费用高，但可以缩短研发的时间，使新产品或新服务更早地推向市场，在时间上赢得先机，从而保持竞争优势。

第二，R&D 活跃的企业在引进新技术之后，更有实力确保其顺利地得到应用，降低应用过程中的风险。R&D 活跃只是企业实力其中一个方面的体现，这类企业通常具备一定的规模，不仅创新能力强，企业整体实力也较强。企业拥有高素质的员工，员工发现问题、分析问题、解决问题的能力较强。因此，这类企业在新技术应用的过程中，准备更充分，发现的问题得到妥善解决的概率较高，高素质的员工在高质量的管理之下，工作效率更高，能够进一步降低新技术应用中的风险，减少风险发生所造成的损失，确保新技术顺利应用于生产。

第三，企业如果具备较强的 R&D 能力，在引进新技术后，很大程度上能够实现消化、吸收、再创新。企业内部拥有一种良好的创新文化，在引进新的专利技术后，企业不会止步于对新技术的应用。引进的新技术所带来的不仅是技术本身，更是一种新的思维方式、新的创新理念，在新技术的启发下，企业会进一步创新，即对引进的新技术进行消化吸收，逐步将其纳入自身技术体系，然后在此基础之上，进一步完善、升级新技术，最终形成自身的核心技术。

总之，R&D 能力是企业内部环境的一部分，有利的外部环境能够影响技术创新扩散，内部环境才是技术扩散的直接影响因素。是否具备优良的内部环境，首先，影响采纳方接受新技术的决策；其次，影响企业对引进的新技术的吸收和创新，从整个技术创新扩散系统来看，最终影响的是技术扩散的进程。

（2）地域发展状况

地域因素是影响企业做出采纳决策的重要因素之一。企业所处地域的经济发达程度、基础设施状况、与经济中心区域的距离以及产业聚集情况等，这些地域因素都会影响企业对新技术的采纳。

首先，从经济发达程度和基础设施状况来看，如果企业所处的地区经济发达，则人们的观念意识都比较前卫，企业创新意识也更强，同时企业为了满足市场前卫的消费需求，有更强的创新动力。经济发达地区也是高校聚集，科研院所、大公司的总部集中的区域，通过组织科研人员相互交流，信息的传递会形成知识的外溢效应，有利于创新。同时，高校和科研院所集聚了具备各种专业知识的高水平的科研人员，这些科研人员的理论知识往往更加扎实，也更擅长基础研究，他们丰富的理论知识可以与企业研发人员的实践知识形成互补，所以企业与高校和科研院所的合作往往能激发新的思维，有利于提升技术创新能力。此外，不同地域所拥有的基础设施完善程度不同，也是技术创新扩散的影响因素之一。基础设施不仅包括通俗意义上的公路、铁路、机场、通信、水电煤气等公共设施，还包括教育、科技、医疗卫生、体育、文化等社会事业即社会性基础设施。在技术创新扩散的进程中，基础设施会形成一种“门槛效应”，直接影响新技术的扩散。在门槛值以下的区域，基础设施不够完善，企业的生产和运输成本就会增加，企业采用新技术的成本比在公共设施完善的区域高，不利于新技术在这些区域的扩散。相反，在门槛值以上的区域，基础设施具备采用新技术的条件，新技术在企业中扩散相对比较容易。

其次，与经济发达的中心区域之间的距离也是影响技术创新扩散的另一个重要因素。技术创新扩散空间上的“等级效应”，就是与中心区域之间的距离对于扩散的影响。经济发达的中心区域往往是新技术的发源地，在其他条件相同的情况下，高一级别的城市往往比低一级别的城市更快取得新技术的专利使用权。从另一个角度来说，技术扩散的“邻近效应”也在一定程度上体现了距离对于技术创新扩散的影响。同样，在其他条件相同的情况下，距离中心区域较近的城市比距离中心城市较远的同一级别城市能更便捷地取得新技术的专利使用权。现实中不乏有这样的例子，在大城市发展壮大的企业，考虑在大城市里生产和经营的成本较高，决定把企业的生产车间迁往中等城市。在选择中等城市时（尤其是以技术领先的企业）企业多会选择与原来所在城市距离较近而且经济相对比较发达的城市。这就是一种邻近效应，在大城市保留企业的总部，总部研发的新技术同样是从大城市扩散到邻近区域的城市。

最后，产业集聚也是技术创新扩散的重要影响因素之一。熊彼特把技术创新与产业集聚结合起来进行了研究，他认为，创新在时间上的分布并不均匀，表现为趋于群集，也就是说创新是成簇发生的。之所以这样，是因为当一个企业创新成功之后，其他企业也开始效仿进行创新，随着时间的推移行业内大多数企业会逐步发生创新行为。根据熊彼特的理论，技术创新的发生具有产业集聚的特性，而产业集聚又促进了技术创新，所以，创新并不是单个企业的行为，企业间的相互合作和竞争导致了创新活动的聚集，形成了技术创新的产业集聚性。产业集聚促进创新的原因在于产业集聚区域企业之间的竞争较为激烈，为了在竞争中取得优势，企业需要不断地采用新技术、新方法，但由于每个企业的规模不同，技术实力不同，R&D 能力不同，个别企业具备较强的创新能力，可以自主研发，也可以采用合作研发或者合作协议的形式开展研发活动，但更多的企业需要直接购买新技术。无论是合作研发还是购买，都属于技术扩散的不同模式，都推动了创新，促进了技术扩散。尽管理论上产业集聚能够促进技术创新的扩散，但在实际中，由于受多种因素的影响，产业聚集与技术创新的关系表现得较为复杂：可以促进创新，也可以降低创新的积极性。在形成良性市场竞争环境的地区，产业集聚对创新起促进作用；而在市场不完善的经济环境下，由于某些原因，一些产业集聚区会出现技术扩散进程缓慢、创新低端化等现象。

（3）人力资本水平

人力资本水平反映的是一个实体单位或区域人员的基本教育状况及某些技能情况。创新的有效扩散需要接收方具备一定的人力资本水平，以满足技术创新所需要的基本人力资源条件。

接收方的人力资本水平，可以从两个方面去理解，一是接收方所在区域的情况，二是接收方所在单位的具体情况。从接收方所在区域来讲，不同的城市或区域人力资本水平差距较大。一般来说，大城市或中心城市人口较多，高校、研究机构比较集中，受高等教育的人口占比较高，人们的整体素质也较高，有利于成为较高层次技术的接收方，也容易成为技术创新的扩散方。相比之下，中等城市或小城市人口较少，人们的受教育水平、整体素质都较低；因此，随着城市等级的降低，中小城市更可能成为技术创新的接收方而非扩散方。

从接收扩散的具体企业来说，企业的人力资本水平反映了该企业人员的素质状况，人员素质越高，越容易接收新的技术与知识，越容易采用较先进的技术，接收技术扩散；如果企业 R&D 人员素质足够高，还有可能成为新技术的创新方与技术扩散源。相反，如果企业人员素质较低，则只可能成为技术扩散的接收方而非扩散源。

（4）产业配套程度

产业配套程度对于技术创新扩散的影响主要表现为：作为新技术的接收方，需要具备一定的产业配套能力，能够提供一些诸如原材料、其他投入品等生产资料，以及拥有与引进技术相适应的配套技术水平。

产业配套程度一般包括以下几个方面：① 产业配套政策，主要是指当地为吸引相关产业落地而采取的一些激励措施，如产业优惠政策、税收减免政策、费用优惠政策等，能够在较大程度上促进相关产业快速落地。② 原材料供应状况。原材料供应是企业从事生产必须要考虑的因素，较低的采购或供应成本与便捷性，能够为企业提供较稳定的外部原材料供应环境。③ 上下游产业配套能力。现代企业的发展不能只靠一个企业单打独斗，需要不同企业之间的协同合作。如果所在地有相应的产业集群，具备上下游企业所需的产品供应能力，必然能够降低企业的配套成本，促进技术的落地与扩散。

产业配套程度也能在一定程度上突破空间的限制。如果一个地区的产业配套程度越高，技术扩散受空间因素的限制就会越少，在一定程度上使技术扩散产生“空间跳跃性”，可以吸引来自较远地区的技术扩散。

（5）基础设施状况

接收地的基础设施状况包括交通、水电、通信网络等基础设施条件，以及与之相匹配的各项费用成本水平。较好的基础设施条件显然能够对新技术产生较大的吸引力，有利于创新扩散。

基础设施包括以下几个方面：① 交通基础设施，包括航空、铁路、公路等，临海和临江地区还有港口等水路运输设施等，代表货物运输的便捷程度。航空运输的特点是便捷性，它有助于与较远的地区快速建立起联系；铁路运输特别是近年发展起来的高速铁路，在中等距离运输上具有优势；公路运输则在于其短途的便捷性；水路运输在洲际运输中具有成本低等优势，是国际运输的主要方式。② 信息通信基础设施。信息通信代表对外联系的便捷程度，包括电话、网络等。在我国，无论是东部发达地区还是中西部欠发达地区，信息通信基础设施都不再是制约经济发展的主要因素。③ 水、电力及能源设施是创办企业所需要的基本生产条件。④ 教育、医疗、文化、体育等设施。这些设施在满足企业员工的精神层次需求的同时，也是家庭生活必备的条件。

接收地基础设施状况是企业设立所考虑的基本因素，也是影响技术扩散的一个基础条件。基础设施完善且生产成本较低的地区能对新技术产生较大的吸引力，从而促进技术创新扩散。

2.4 技术创新扩散途径

技术创新扩散是一种特殊类型的传播，是技术创新通过一定的途径或渠道为接收方接受的过程。扩散方与接收方之间传播的渠道或途径直接影响扩散的速度和效果。随着经济全球化程度的不断加深，国家或地区之间人员、交通、贸易、投资等活动日益频繁，加快了技术创新扩散的速度。

技术创新扩散主要是技术信息扩散的过程，如果创新信息的扩散成功引起了技术需求方的兴趣，在技术需求方采用新技术，并内化为自身的生产能力之后，就完成了技术创新扩散。关于技术创新的扩散途径，本书借鉴了海格特（P. Haggett）关于空间相互作用形式的分类方法，依据扩散所依托的载体不同，将扩散途径分成五类：一是以人为载体的扩散，即人员流动导致的技术创新扩散，如人员工作地点的变动、学术交流与培训等；二是以物为载体的扩散，即物质移动导致的技术创新扩散，如商品的贸易等；三是以资本为载体的扩散，如国内投资与国际投资等；四是以网络媒介为载体的扩散，当前主要是经过互联网等进行创新信息和创新思维的扩散；五是以中介机构为载体进行的扩散，这是比较专业的扩散过程。

2.4.1 以人为载体的扩散

以人为载体的扩散，以人员交流为特征，通过人员交流传递信息，从而促进技术扩散。在全球经济一体化的背景下，国家或地区之间的交往日益频繁，不同国家和地区之间的人员交流成为交流技术信息、把握技术创新发展方向的一个重要途径。普通人员之间的流动如游客，可能会传递一些技术前沿的信息，对技术创新扩散的影响不是特别大；而专业技术人员之间的交流，对技术创新扩散起到直接的推动作用。

人员交流传播的技术信息比较全面、具体和专业，因此在技术创新扩散中起着非常重要的作用。尤其对于新技术的拥有者来说，通过人员交流把新技术的相关信息全方位地传递给拟接收方，有利于拟接收方做出是否引进新技术的决定。拟接收方在人员交流过程中可以随时咨询，对新技术进行深入、全面的了解。接收方在引进新技术之后，相关工作人员的培训往往由新技术发明方负责。而培训通常是面对面的信息交流，能够达到更好的效果，培训的效果直接影响新技术的应用，影响后续技术扩散的进程。

对技术创新的扩散产生影响的人员交流形式通常表现为三种：一是参加行业间的学术会议，这在计算机、通信工程、互联网等工程技术类行业中非常普遍，与会人员往往通过主题报告、学术论文等形式交流信息。这类会议专业性较强、信息量较大，能够在有限的时间内有效地传递技术的前沿信息，是技术创新扩散的一种重要形式。二是学习培训等形式的技术交流，这是一种有意识进行的新技术学习交流活动，往往是针对某种技术创新进行的。这种学习培训形式方便灵活，可以就某种先进技术作专题交流，达到信息传播的目的，是技术创新扩散的一种有效形式。三是技术人员由于工作调动、跳槽、创业等原因，携带新技术的相关知识和经验进入新的单位，使得新技术从原有单位扩散到新单位，从而推动技术创新扩散。这种形式的扩散也是效果最好的一种扩散，但受限于知识产权保护的相关法律及同行业竞争的一些规定，对扩散的范围或时间有一定的限制。

人员交流对技术的扩散也存在一些弊端，尤其是在非正式场合，人与人之间传播的信息往往具有很大的随意性。技术信息传播者没有特定的目的，对信息的准确性和专业性把握不准，信息的接收者也多以一种随意的心态接受信息，听过之后在头脑中不会留下过多的印象，也不会对信息的具体的、深层次的内容进行探索。这种交流起不到促进创新技术扩散的作用。

2.4.2 以物为载体的扩散

以物为载体的扩散是依托商品或服务进行的扩散，其方式特征为商品或服务所有权的转移，主要是以交易或贸易的方式传递信息。新技术得到开发之后，往往会集成于新的产品或服务当中，随着贸易活动进行交易和流动，进而扩散到其他地区。货物在区域间的流动会将技术信息带到流入地，促进技术创新向流入地的扩散。

在一个国家或地区内的货物贸易，形成了国内或地区内的技术创新扩散。在经济全球化背景下，货物贸易在全球范围内进行，因此，技术创新的扩散不局限于一个国家或区域之内，不同国家或地区之间的贸易促进技术创新在国际间的扩散。与人员交流相比，贸易方式的创新扩散效果要弱一些或速度慢一些，因为它只能传递货物的最终形态或最终效用方面的信息，有些隐含在物品中的技术难以直接显现出来，需要借助一定的专业知识加以判断。从这个意义上来说，以贸易方式进行的创新扩散主要是在信息层面，在一定程度上起桥梁作用，难以实现技术创新的直接扩散。

2.4.3 以资本为载体的扩散

以资本为载体的扩散是以资本为依托，依靠直接投资进行的技术创新扩散。出于扩大产能、降低成本、提高市场占有率等目的，直接投资成为越来越多厂商在异地设厂的选择。厂商进行直接投资时，购买或建造机器设备、生产线等，往往会采用较新的技术与生产工艺，直接带动了技术创新的扩散。

以区域为标准，直接投资可以分为国内投资和国际投资。国内投资能带动新技术在国内进行扩散，国际投资则能带动新技术在不同国家或地区之间进行扩散。在经济全球化的今天，国际直接投资已成为技术创新国际扩散的重要渠道。

2.4.4 以网络媒介为载体的扩散

在20世纪，电台、报纸、广播、电视等大众信息传播方式是信息传播的主要方式，可以将某个特定的信息传播给众多的接收者。其优点在于受众广，能面向社会大众传播信息，能使每一个在信息传播时间段内接触这些传媒的人都有机会看到这些信息；其缺点在于大众传媒往往是单向的信息传递，只能传递一些相对简单易懂的信息，比如新技术相较于同行业现有技术的领先程度、新技术能解决哪些问题等，无法传递专业性强的信息。

大众信息传播渠道对技术创新扩散的影响，主要体现在以下两个方面：一方面，制造舆论导向，通过宣传、渲染、分析、解释，树立公众的创新意识，让公众从观念意识上认为创新是社会发展的必然趋势；另一方面，从意识上接受创新逐步到行为上的接受，公众敢于接受新技术生产的新产品，大胆购买，在一定程度上引导了市场需求，使引进新技术的企业的产品有更大的市场。大众信息传播渠道对于技术创新的影响是间接的，企业不是依靠大众传媒获得信息来引进新技术的，但大众传媒可以引起消费者的注意，改变消费者的观念和意识，从而改变消费需求，间接地促进技术创新的扩散。

随着互联网的发展，网络传播成为人们获取信息的主要方式，而智能手机的兴起为人们提供了更加方便快捷的信息获取渠道。网络信息丰富多样，并且能够方便人们查询保存。信息的及时性保证了创新信息能够在全球范围内快速传播；并且可以通过网络进行交流互动，大大提高了信息传递的便捷性，创新扩散速度得以迅速提升。互联网的优点就是快速及时，传播范围广，是当今社会信息传递的主要方式。但互联网信息也有缺点：一方面，信息量大，需要从中鉴别出有用的信息；另一方面，网上存在大量虚假信息，需要花费一定的时间和精力剔除虚假信息。这些都在一定程度上对互联网信息的传播造成了阻碍。

2.4.5　以中介机构为载体的扩散

技术扩散的中介机构也就是通常所说的科技中介机构，是专业化的技术转移服务机构，其主要工作是面向社会开展技术咨询、技术评估、创新资源配置、创新成果转化、创新决策咨询等服务，属于知识密集型服务业。在技术创新扩散体系中，中介机构通过提供技术服务，起着传播信息、直接或间接促进技术扩散的作用。

首先，中介机构既了解新技术的提供者——研发企业、科研院所、高校等，又了解生产企业，它能将创新技术与产业或者企业结合起来进行考虑，将生产企业和研发机构有效地联系起来，促成单个企业甚至行业内多个企业采纳新技术，当行业内多个企业成为技术采纳方时，新技术带来的就是行业的变革，形成了技术创新扩散的“集群效应”。

其次，专业中介机构的信息传递作用要优于大众媒体和人际传播。它可以从专业的视角介绍新技术，根据接收方企业的生产经营目标、行业特点，有针对性地传递新技术的优势信息，分析该项技术对接收方企业的可行性等；能在很大程度上降低接收方企业对信息的搜寻成本，大大缩短了从接触创新信息到做出接受新技术决策的时间。

最后，中介机构还可以为企业提供新产品或者新技术的技术性能评价、经济性能评价、人员培训、新的管理模式甚至产品促销等服务，可以缩短与技术供给方的沟通时间，起到事半功倍的效果，有效地促进技术创新扩散。

2.5 技术创新扩散的效应

技术在扩散的过程中必然对技术接收地产生一定的影响，国内外学者的大量研究表明，技术在扩散过程中产生了溢出效应。溢出效应是一种影响、作用或结果。不同文献中有“溢出效应”“外溢效应”“技术溢出效应”等不同的表述方法，这些概念通常没有严格的区分，基本属于同一概念。本书对技术创新扩散效应与技术扩散效应、技术扩散溢出效应、技术溢出效应并未加以区分，视作同一概念。

2.5.1 技术创新扩散效应的表现

技术扩散效应的表现形式复杂多样，根据前文所述，技术创新扩散的途径有以人为载体、以物为载体、以资本为载体、以网络为载体、以中介为载体的扩散，因此可以将技术扩散的溢出效应的表现形式归结为三种：资本形式的扩散效应、人员形式的扩散效应和文化形式的扩散效应。

(1) 资本形式的技术扩散效应

资本形式的扩散效应是指技术设备和原材料等硬件要素的扩散，具体表现形式就是资本的溢出。资本形式的技术扩散效应不论是净溢出还是负溢出都能带来区域经济的增长，这主要是因为资本作为生产要素具有稀缺性。在市场经济条件下，资本的投入是第一位的，没有资本的投入，就没有经济的发展。在经济发展的早期阶段，资本形式的技术扩散效应通常会表现为负溢出；而在后期阶段，则多表现为正溢出或净溢出。

根据钱纳里（Hollis B. Chenery）和斯特劳特（A. M. Strout）提出的“两缺口”模型，从大多数发展中国家经济发展的历程来看，经济发展主要受三种形式的约束：储蓄、外汇和吸收能力。“储蓄约束”是指由于国内储蓄水平较低，难以扩大投资，从而对经济的发展造成影响；“外汇约束”是指由于国家外汇储备不足，难以支付国内生产和生活所需要的进口商品，从而阻碍经济发展；“吸收能力约束”是由于国内缺乏引进技术所需要的良好的外部环境和内部环境，阻碍了技术发达国家的新技术向国内扩散，从而影响技术进步和经济发展。

按照上述理论，发展中国家在经济发展的初级阶段，由于技术水平的落后，资本形成的技术扩散一般表现为负溢出，而随着经济的逐步发展，在能够有效利用各种资源之后，资本形式的正向溢出效应才逐渐变得明显，整个国家的技术水平才逐步提高。一个国家要发展经济，区域间的资本流动不可避免，资本流动是资本形式技术溢出的前提。按照资本逐利的特性，它必然流向高收益低风险区域。而经济欠发达地区，通常是实现资本逐利特性的区域，所以资本多数情况下会从经济发达地区流向经济欠发达地区。

（2）人员形式的技术扩散效应

人员形式的技术扩散效应是指在技术扩散中，人员是主要的传播渠道之一，随着人员对于技术扩散的推动，技术扩散的效应日益显现出来。具体来说，这一效应是通过两种途径来实现的：一是以人为载体的技术扩散溢出效应，二是由技术信息传播所产生的技术扩散溢出效应。

第一，以人为载体的技术扩散所产生的溢出效应。该效应是通过三种途径来实现的：首先，发达地区人才流向落后地区，这些人才通过创立新的企业或者担任企业的重要职位，产生技术扩散的溢出效应。其次，通过对落后地区的人员进行培训，提升劳动力的劳动技能，使之掌握更高的技术，从而产生技术的外溢。在落后地区建厂的外资或外地企业，通常为了企业的正常运作，需要对在当地招聘的人员进行培训，使他们掌握所需要的知识和技能，并且在之后的工作过程中，企业还需要对员工不断地进行培训，使他们适应社会变化对工作要求的变化。最后，工作中非正式的技术扩散溢出效应。当地技术人员可能与总公司派来的技术人员一起工作，从而获得经验、技能或者相关专业知识水平的提升，产生技术扩散效应；或者当地企业员工到总公司参加培训，或者参与技术、工艺改进等研发活动，从而产生技术溢出效应。上述三种途径都不同程度地体现了以人为载体的技术扩散效应。

第二，技术信息传播所产生的技术溢出效应。技术信息的传播不仅仅是通过网络、报纸、杂志等媒体传播，人际传播也是一条重要的渠道，尤其对于技术这种特殊的商品而言，专业人员间的信息传播，往往更能引起购买方的兴趣。这种传播可能是当技术发明方的相关技术人员与潜在购买方在某种场合沟通时，潜在购买方对新技术产生兴趣，进而获得更多的相关信息，最后发生了购买行为，也可能是技术的采用方与其他采用者进行沟通时，潜在采用者得到了技术的相关信息。总之，是一种技术传播过程中的“示范—学习”效应。这种“示范—学习”效应对技术潜在采用者产生了作用，从而产生技术扩散过程中的技术溢出效应。

人员形式的技术扩散效应的作用主要表现在对人力资本积累的促进，以及对于区域经济和区域内技术进步的促进。首先，促进了区域内人力资本的积累。技术扩散的溢出效应表现在人员上，一个重要的方面就是人力资本的积累。根据经济学理论，要素所有者提供要素的目的在于获取报酬，按照劳动者追求利益最大化的原则，劳动力流动的根本原因是不同国家（或地区）之间工资率的差异，流动能够获得更多的劳动报酬。然而，同一质量的劳动力在不同国家（或地区）得到的工资报酬存在着一定的差别。一般来说，经济发达国家与发展中国家相比，劳动生产率较高，劳动力相对短缺，所以，工资水平高于发展中国家。劳动者的工资预期及其内在的逐利性决定了在一般情况下，劳动力总是由经济落后地区向发达地区流动。从技术扩散的效应来看，一方面，当先进的技术流入本地区之后，人力资本发挥学习、模仿、创造等主观能动性，积极吸收外来技术以促进自身水平的提升；另一方面，技术在流入本区域之后，能够提高劳动者的收入预期，带来较高的技能溢价。为了能够胜任这些高报酬的工作，劳动者积极参加培训，接受更多的教育，提升自己的技能，从而促进发展中国家人力资本投资，教育程度的提高意味着对高技能工作的适应性更强，劳动者的报酬会增加。其次，人员形式的技术扩散效应对于区域内的技术进步和经济增长都有显著的影响。人员形式的技术正溢出有时不一定能促进区域经济的增长，而负溢出却一定能促进区域经济的增长。也就是说，当地少数劳动力技能的提升和知识的增长，由于基础设施的落后，不一定能使这些劳动力真正发挥促进经济增长的作用，而落后地区的劳动力流向发达地区却可以促进发达地区经济的增长。人员形式的技术扩散效应是可以促进当地技术进步的，这是因为专业技术、知识、实践经验、思维方式等都存在于人的大脑中，通过内化在相关人员的思维中发挥作用。也就是说，技术在被人掌握之后，才可以通过人的主观能动性发挥新技术对经济的促进作用，提升当地的技术水平，促进当地的技术进步。

（3）文化形式的技术扩散效应

文化形式的技术扩散效应是指伴随着外地企业在本地投资设厂，这些企业先进的企业文化、组织制度、管理方式、经营理念等逐渐渗透到当地企业，从而促进当地企业整体技术水平的提高。所以文化形式的技术扩散是先进企业的企业文化、管理方式、经营理念、组织制度等的技术扩散，这种技术扩散溢出通常是一种正溢出。一般来说，文化形式的技术扩散溢出较前两种溢出更容易发生，只要本地成立的外资企业或外地企业与当地企业之间存在技术差距，当地企业又具备一定的吸收能力，这种技术扩散溢出效应就会发生。文化形式的技术扩散效应无处不在，只要有技术先进企业在本地投资，就会有文化形式的技术溢出。

文化形式的技术扩散效应，以外资企业为例，一是直接联系效应，即外商与当地企业或科研院所直接联系而产生的技术扩散效应。外资企业为了在竞争中赢得优势，一般会整合当地的技术优势和研发资源，与当地的科研院所合作，在合作的过程中，外资企业先进的管理理念、企业文化和先进技术在当地扩散，从而带动当地企业在管理、企业文化和技术等方面的创新。二是间接联系效应，即外资企业与当地企业通过间接联系所产生的技术扩散效应，主要指竞争、示范和模仿效应。一般来说，外资企业先进的技术既包括生产产品的技术，也包括先进的管理经验和组织制度，这些都是外资企业与当地企业竞争时的竞争优势，同时这些优势对当地企业起到了示范作用，当地企业迫于竞争压力，只能模仿外资企业的先进技术，从而提高自身的技术水平。这样就产生了文化形式的技术溢出效应。

文化形式的技术扩散溢出效应多是伴随着资本形式和人员形式的技术溢出发生的，但它更容易发生，效果更显著，且多是正效应。究其原因，主要在于文化形式的技术溢出不需要支付更多的成本，组织制度和管理理念都是已经形成的，而资本形式的技术溢出需要投入资本，人员形式的技术溢出需要支付人力资本积累过程中的各种时间和资金成本。除此之外，文化形式的技术溢出途径比较多样化，可以发生在新建的外资企业或外地企业与当地企业联系时，通过前向和后向联系、人员培训等形式产生技术溢出效应；也可以通过企业之间的间接影响，比如由竞争效应、示范和模仿效应等产生技术溢出。

2.5.2 技术创新扩散效应分类

从不同的角度研究，可以将技术创新扩散分为不同的类型。首先，根据技术创新扩散产生的效应对经济和社会所起的作用不同，可以分为正效应和负效应。技术创新扩散的主要作用是促进了社会进步和经济发展，这是正效应的体现；但由于科技是一把双刃剑，技术扩散在促进科技进步和社会发展的同时，也会产生一定的负效应，如恶性竞争、技术滥用等，造成一些破坏性后果。其次，根据扩散范围的不同，技术创新扩散可以分为企业内扩散、企业间扩散、产业内扩散、产业间扩散、国内扩散和国际扩散。因此，技术扩散的溢出效应也相应地划分为企业内扩散效应、企业间扩散效应、产业内扩散效应、产业间扩散效应、国内扩散效应和国际扩散效应。本书主要研究我国的技术创新扩散效应，在研究我国技术扩散水平的基础之上，进一步研究由于我国与发达国家存在技术差距，在国际交往中发达国家向我国的技术扩散对于我国技术发展的影响。

2.5.3 技术创新扩散效应分析

本书从技术创新扩散的宏观视角对我国技术扩散的影响因素和扩散效应进行研究。发达国家对我国的技术扩散效应属于国际技术创新扩散效应，关于技术扩散效应的分类，本书只着重分析国内技术创新扩散效应和国际技术创新扩散效应。

(1) 国内技术创新扩散效应分析

国内技术创新扩散效应是把扩散效应局限在一国范围之内。对一国之内的技术扩散效应进行研究，是指从国家的宏观层面来研究技术创新扩散的效应，随着新技术在国内的扩散和推广，所带来的整个国家经济的增长和技术进步的改变。当然这种改变可以是正效应，也可以是负效应。

技术扩散效应其实也是一种辐射效应，就是落后地区在发达地区先进技术的辐射下引进新技术，不断进行技术创新、改善基础设施、提升人力资本，最终实现经济和社会全面发展的过程。技术扩散效应的大小取决于两方面的因素：一是扩散源的实力。如果扩散源是经济发达地区，被扩散区域仅从发达地区引进技术，则扩散效应的大小取决于经济发达地区的技术水平、创新能力；如果扩散源是外资企业，则外资企业的规模、实力、创新能力影响着技术扩散效应的大小。二是接收方的条件，即作为接收方是否具备引进新技术、消化吸收和再创新的能力。接收方的人员、资金、设备，本地的经济环境、政策、基础设施等环境条件，都会成为影响新技术被接收的因素。

技术扩散效应也可以表现为竞争效应和模仿效应，竞争效应是指技术接收方在引进新技术的同时，为了适应竞争，不得不更加合理地利用生产资源，加快采用新技术，从而促进社会总体发展水平的提高。模仿效应是指先进技术的拥有者或采用者，其先进的技术所带来的预期收益或者已实现的收益起到了良好的示范作用，致使落后方自发地对其进行模仿，采用先进的技术提升自身的技术水平，试图缩小双方之间的技术差距。竞争效应和模仿效应的发生是落后地区出于自身发展的需要，从经济发达地区引进新技术或设备，或者在本地的外资企业或外地企业的影响或带动下，为适应社会发展需要，提升自身的技术水平，从而产生的技术创新扩散效应。

（2）国际技术扩散效应分析

国际技术扩散效应分析是从国际技术扩散的角度，对国与国之间的技术扩散效应进行的研究。国际技术扩散发生的主要原因在于不同国家之间存在技术差距，也就是存在技术领先国与技术落后国。在经济交往中，由于技术差距的存在，不可避免会发生从技术领先国向技术落后国的技术扩散，从而产生国际技术扩散效应。根据国际技术扩散的主要渠道——进口贸易、出口贸易和外商直接投资，可以将国际技术扩散效应划分为三类：进口贸易产生的技术扩散效应、出口贸易产生的技术扩散效应以及FDI产生的技术扩散效应。

第一，进口贸易产生的技术扩散效应。进口贸易在国际技术扩散中占有非常重要的地位，许多国内外学者的研究都验证了这一点，尤其是中间品的进口和国际技术贸易在国际技术扩散中的作用尤为重要。劳伦斯（Lawrence）、韦恩斯坦（Weinstein）、伊顿和科图姆等学者认为，中间品贸易对于国际技术扩散起着重要的作用，因为中间品包含发达国家的技术，等于物化了的外国技术可以作为一种投入，投资到国外，相当于发达国家的R&D转移到欠发达国家。所以，中间品是国际技术扩散的重要媒介。而技术贸易是技术欠发达国家直接从技术领先国购买新技术，这些新技术能促进进口国的技术进步。可见，进口贸易的技术扩散对进口国的技术进步和经济增长具有很明显的促进作用。

第二，出口贸易产生的技术扩散效应。目前，还没有充分的计量模型能够证明出口贸易所产生的技术扩散效应，但很多实践经验已经验证了出口贸易对技术扩散具有促进作用。佰纳德（Bemard）、恩森（Ensen）、埃文森（Evenson）和韦斯特法尔（Westphal）等学者认为，出口贸易所产生的技术扩散主要是由于技术落后国家“边出口边学习”，韩国、印度尼西亚等国的经验都验证了出口学习效应的存在。也就是说，技术落后国作为出口国为了使出口的产品能够满足发达国家的市场需求，需要根据发达国家的要求生产相应的产品，需要提高生产效率，提高生产产品的技术，这种“边出口边学习”的模式实际上是一种被动的技术扩散效应。在被动的国际技术扩散下，技术落后国的技术进步得以逐渐实现。

第三，FDI 产生的技术扩散效应。FDI 技术扩散效应有不同的形式：一是外商直接投资建厂，即建立外资企业，外资企业的技术扩散效应主要是通过竞争效应、示范效应和模仿效应实现的；二是外商投入资本，这种情况下的技术扩散效应即为资本形式的技术扩散溢出效应；三是外商以技术或者设备进行投资，投资的设备本身对于技术落后国来说就是先进的设备，需要对员工进行培训才能使用这些设备。技术投资直接提升了技术落后国的技术水平，所以这种形式的 FDI 所产生的技术溢出效应可以是培训效应，也可以是直接的技术扩散效应。

2.6　技术创新扩散的环境因素

新的技术在不同企业或区域内的扩散受多种因素的影响。新技术研发出来后，从观念上被接受到技术被引进、实施，这一系列的过程都是在一定的社会环境中进行的，所以新技术的扩散既受宏观环境因素的影响，又受技术本身因素的影响，同时也受采纳方自身因素的影响。

2.6.1　宏观经济因素

一般来说，一定地域内技术扩散的速度受经济因素的影响，如该地域的经济发展水平、经济结构、经济体制等。经济发达程度是决定技术研发水平的重要因素，同时也是决定技术创新扩散的根本因素。随着一国经济能力的不断增强，对技术创新的投入会不断增加，创新能力也会不断提升。进入 21 世纪以来，我国对技术创新的投入大幅度增长，知识创造和应用能力迅速提升，创新日益活跃，创新的绩效逐步显现。可以说，我国日益强大的经济实力背后是创新环境的不断完善。伴随着创新环境的完善，创新扩散速度的提升，扩散周期会随之缩短，进而推动新一轮创新的到来。

经济结构是影响技术创新扩散的重要因素之一。在技术创新扩散的过程中，由于不同国家和地区的经济结构不同，扩散的速度明显不同。等级扩散规律就是经济结构影响扩散的表现。不同等级的城市的经济发展水平不同，人们观念不同，经济结构不同，对于创新的态度也不同。一般来说，大城市经济相对发达，尤其是服务业，如金融、保险、教育、信息服务等比其他低级别的城市更为发达。大城市也是科研信息、市场信息集中和传播的中心，既能及时了解市场动态、消费者需求的变化，又能及时了解世界各地科技发展的现状及发展趋势。所以，创新扩散的初期一般都在大城市进行，但由于大城市的资源稀缺和使用成本高昂，创新会逐步由大城市向低级别的城市扩散。而根据等级扩散的规律，不同等级的城市（排除距离因素）的经济结构是影响技术扩散重要的因素。因为不同等级的城市的市场结构、产业结构、就业结构、资源结构等有很大差别。

在市场结构不同的条件下，企业在技术创新扩散中所起的作用有很大不同。熊彼特提出了创新与市场结构的关系，他认为垄断能够促进创新。后来的很多学者研究并证实了垄断对创新的促进作用。市场结构对于技术创新扩散的影响作用可以从两个方面来分析：企业规模和市场竞争强度。

从企业规模来说，规模越大的企业从事创新活动的规模效益也越大，尤其是某一行业中的垄断企业，在技术创新中往往拥有资金、技术、人才、市场等多方面的优势。第一，垄断企业一般都是规模较大的企业，从事创新活动自然比规模较小的企业更有可能获得更多的利润；第二，垄断企业一般实力强大，有能力更好地保护自己的技术专利；第三，有些创新活动的风险较大，垄断企业具有更强的风险承受能力；第四，垄断企业更容易集聚创新所需要的资源，如优秀的科研人员、资金、配套设备、场地及新产品市场推广能力等；第五，创新与垄断相辅相成，垄断促进了创新，创新又维持了企业的垄断地位。因此，垄断更容易成为发展企业 R&D 的基础。同样，企业规模越大越容易采纳创新，一是因为大企业采用新技术更容易取得规模效应；二是因为大企业拥有采用新技术的资源，如人力、财力、设备等；三是大企业拥有更强的风险承受能力；四是对于创新者来说，大企业创新往往比小企业对市场的影响力更大，更容易取得市场的信任，能更快地促进新技术的扩散，所以创新者更倾向于选择大企业作为自己创新推广的客户。

从市场竞争强度来看，在不同竞争类型的市场中，创新扩散的表现有所不同。在完全竞争市场中，由于竞争激烈，企业更加倾向于创新，但创新只能使不同企业的产品有细微差别，而且这种差别中的技术含量一般不高，很容易被竞争对手模仿。在垄断竞争市场中，由于企业众多，企业之间的产品具有较大的差别，因而企业更加注重创新，以保持产品的差别优势。在这种市场中，一项能够有效满足市场需求的新技术很容易在市场中扩散。在寡头竞争市场中，由于产品的绝大部分市场被少数大企业占领，为保持长久的竞争优势，大企业的技术创新非常活跃，同时处于垄断地位的大企业也更倾向于采用新技术，以保证产品的不断创新。

2.6.2 创新的技术环境

技术环境即科学技术环境，是科学技术进步对社会进步产生的促进作用。随着科技的不断发展，创新已经渗透到各个行业和各个领域。一种新技术的应用，大到可以使一个行业变革，小到可以提高一个企业的生产效率。当今，世界各国都非常重视科技创新，以科技创新促进经济发展，推动社会进步。

一个国家和地区的技术环境对技术创新扩散有着至关重要的影响。首先，国家各个行业科技的不断创新，技术的不断提升为创新技术的扩散提供了良好的环境。随着社会整体技术进步，企业对新技术的需求也日益增加。如果企业本身属于技术密集型企业，或者属于技术更新换代较快的行业，就更重视科技进步对企业经营的影响，以便及时把握科技发展新动向，保持竞争优势。如果企业本身不靠技术取胜，先进的技术也可以降低生产成本，提升规模效益。技术创新是社会前进的动力，技术扩散是技术创新的持续动力。在科技引领经济发展、引领社会进步的时代，企业对于新技术的需求是长久的，这就为技术创新的扩散提供了可能。

对技术环境的衡量有多个指标，比如整个国家所投入的研发经费总额、企业所在的行业研究开发支出状况、技术研发所集中的领域、知识产权和专利受保护情况、新产品开发状况、实验室技术向市场转移的最新趋势、预期新技术所带来的生产效率的提升等都可以作为衡量标准来衡量一个国家和地区的技术环境。优良的技术环境是技术扩散速度提升的关键，对于企业来说，只有在优良的技术环境中才能更快、更放心地引进新技术。

技术环境分为国际技术环境和国内技术环境。国内技术环境固然对技术创新扩散有重要影响，但国际技术环境对技术创新扩散的影响同样不可忽视。在全球经济一体化的进程中，每个国家经济的发展都与全球经济的发展息息相关。对于发展中国家来说，引进发达国家的先进技术并进行模仿创新，在很大程度上能够减少技术研发的时间。以高铁技术为例，目前，世界公认的高铁技术强国为中国、日本、德国和法国，美国和加拿大等国家也具备研发高铁技术的实力。作为高铁技术领先国中唯一的发展中国家，中国高铁技术的发展就是模仿创新的最成功案例之一。中国从国外引进高铁技术后，经过消化、吸收、创新，高铁技术突飞猛进。截至 2017 年底，我国时速 200 公里及以上的高铁里程数达到 2.5 万公里①，到 2020 年，时速 200 公里及以上的高速铁路里程数已达到 3 万公里，占世界高速铁路总里程的 50%以上。我国高铁在速度上不断刷新世界纪录，并且在高铁技术上拥有自主知识产权，申请了大量的专利。

对于发展中国家来说，尤其需要引进发达国家的先进技术，以便在较短的时间内提升自身的技术实力。但是，作为核心技术还需要依靠发展中国家自身研发，国外的相关产品可以给予一定的启示，可见，发展中国家的技术创新离不开国外先进技术的影响。而对于发达国家来说，转让已经成熟的非核心技术可以为自己带来发展的机会和利润。因此，国际技术环境对于一个国家和地区发展的影响显而易见，良好的国际技术环境有利于发展中国家和发达国家之间技术创新的扩散，互通有无，相互促进，共同发展。

2.6.3 政府创新政策

创新政策是影响技术创新扩散的重要因素之一。政府通过不同的鼓励创新和扩散的政策，直接或间接地促进技术创新扩散。政府在技术创新扩散方面的作用可以从以下三个方面来分析：政府对于技术创新的态度、政府促进创新扩散的政策和专利保护情况。

政府对于技术创新的态度从根本上影响着技术创新的扩散。首先，

---

① 国家铁路局. 2017 年铁道统计公报［EB/OL］. http：//www. nra. gov. cn/xxgk/gkml/ztjg/tjxx/hytj/202204/t2022405_ 289872. shtml.

科技人才是技术创新的主体和关键因素，他们运用自己的专业知识或专门技能，从事科学研究、工程设计与技术开发、科学技术服务、科学技术管理、科学技术普及等工作。世界主要国家为抢占新一轮的经济和科技竞争的战略制高点，纷纷加快技术创新的步伐，同时，注重科技人才的培养和健全人才吸引机制。其次，政府对 R&D 经费投入的态度反映了政府对于技术创新的重视程度。R&D 的经费主要来源于企业、政府、风险投资、外资等，政府投入经费的绝对数额和占总经费的比例体现了政府对 R&D 的重视程度。同样，一个国家或地区的 R&D 经费总额的变化趋势不仅反映了该国（或地区）创新的活跃情况，也反映了政府对于创新的重视与否。政府的态度在很大程度上形成了一种鼓励、重视创新的氛围，在这种氛围中，技术创新更为活跃。在创新活跃的环境中，各企业争相采用新技术、新设备以维持市场占有率，保持竞争优势，相较于创新活跃度低的环境，技术创新扩散速度也会更快。

政府在技术创新扩散方面的政策能直接或者间接地促进新技术的扩散。比如政府通过财政拨款、贷款优惠等措施对企业进行资金支持，鼓励企业采用新技术、新设备；政府还通过税收优惠政策，减免部分税费鼓励企业加大科技投入，为研发企业留存了更多的资金，用以研发和推广新技术。政府专利保护方面的一系列法律法规，如《专利保护法》《技术合同法》维护了专利发明人的利益，同时也使技术的采用者有法可循，形成法制化的环境，按照规则取得新技术的使用权。规范、优良的技术扩散环境有利于新技术的进一步推广应用。同时，专利审批程序的规范化，审批手续的简单化、便利化进一步保护了专利持有人的创新积极性，有利于新技术的发明和推广应用。除此之外，政府在其他方面的一些政策措施，如人才培养机制的完善、政府通过采购支持技术创新、鼓励中小企业加快信息化建设、对于研发机构的建立给予政策上的支持等，也不同程度地促进了新技术的扩散。

第3章 <<<

技术创新扩散模型与测度方法

熊彼特提出的创新理论，在20世纪初期并没有引起足够的关注。第二次世界大战之后，社会对技术创新及其扩散问题日益重视。20世纪60年代以来，技术创新扩散成为一个独立的研究领域，学者们从经济理论、企业行为、信息传播等角度，基于数理经济学理论，通过构造经济数学模型来刻画技术创新扩散状况。

3.1 技术创新扩散的经典模型

从分析对象来看，技术创新扩散模型大体上可以分成两类：一类是微观扩散模型，是以企业新产品为代表的新技术扩散为研究对象，研究企业新产品的扩散过程；另一类是宏观扩散模型，是以一个国家或地区整体为研究对象，研究宏观层面的技术创新扩散过程。技术创新扩散问题最早是从微观角度，也就是从新产品的扩散开始的；后来随着对技术创新的重视，在很多宏观经济模型中逐渐加入了技术创新的元素，从技术创新扩散的宏观层面展开研究。微观层面的技术创新扩散模型，其研究对象聚焦于某种技术或产品随时间或空间的扩散情况，主要考虑与该技术或产品扩散密切相关的因素，较适用于单项技术或产品的扩散情况。与微观层面的模型相比，宏观层面模型具有特殊的复杂性，它主要研究某个国家或区域整体的技术创新扩散情况，因此重点关注宏观层面的影响因素及扩散特征，模型的出发点及构造方式与微观模型存在较大的差别。从宏观层面来看，技术创新由发源地产生，然后在一定的时间和空间内向外进行扩散，进而提升了社会的整体技术水平，最终促进了全社会生产率的提升与产出的增长。因此，从宏观层面对技术创新扩散的研究主要是从生产率或经济增长的角度入手，来讨论创新扩散的影响问题，有关技术创新扩散的模型是内嵌在经济增长模型中研究的。

早期的技术创新研究主要集中在微观层面，其发展方向主要围绕两个维度展开：时间维度和空间维度。时间维度的研究主要是研究技术创新扩散的特点与规律；空间维度的研究主要是研究创新在地理空间上的扩散过程。技术创新扩散首先表现为空间上的扩散，但空间上的扩散是需要时间来展开的；而随着时间的推移，技术创新必然在空间上进行扩散。因此，时间维度的扩散和空间维度的扩散往往是相互交织的，难以严格区分开。所谓时间维度和空间维度的研究，实际上是为了研究方便而人为划分的研究角度，以从不同侧面反映技术创新扩散的特征与规律。

早期的 S 模型就是典型的时间模型，它着重刻画了技术创新随时间推移产生的扩散特征与规律，Bass 扩散模型、S 模型等都可以被视为 S 曲线类模型。时间模型有个缺陷，它忽视了技术创新扩散的空间特征，因此，哈格斯特朗从空间扩散角度提出了 MIF 模型，此后，贝瑞（Berry）、威尔逊（A. G. Wilson）等进一步发展了空间扩散模型。佩德森（Pederson）、贝瑞、卡赛迪（Casetti）和森普尔（Semple）等分别将时间和空间结合起来，形成了“时间—空间”或“空间—时间”模型。

3.1.1　S 曲线扩散模型及其扩展模型

S 曲线模型最早应用于人口增长模型中的增长曲线。1838 年，比利时数学家皮埃尔·弗朗索瓦·费尔哈斯特（Pierre Francois Verhulst）在研究人口增长时，通过引入数学方程来描述影响人口增长的因素，他提出人口增长不但和现有的人口数量有关，还和可用资源有关。S 曲线运用于扩散方面的研究，最早可追溯至 19 世纪末。法国社会学家塔尔德在 1890 年出版的《模仿律》中提出，新思想从最初出现到被人们广泛接受认同，这一过程在时间上遵循一种 S 曲线，这是最早将 S 曲线运用到扩散领域的表述。创新扩散的 S 曲线被罗杰斯正式提出，他认为，创新扩散随着时间的推移在采用者之间传播，传播的规律呈相对规则的 S 曲线。如图 3-1 所示，创新成果的采用者数量最初增长得比较缓慢，随着时间的推移，采用者数量迅速增加，最后随着技术推广越来越广泛，采用者的数量趋于平稳。

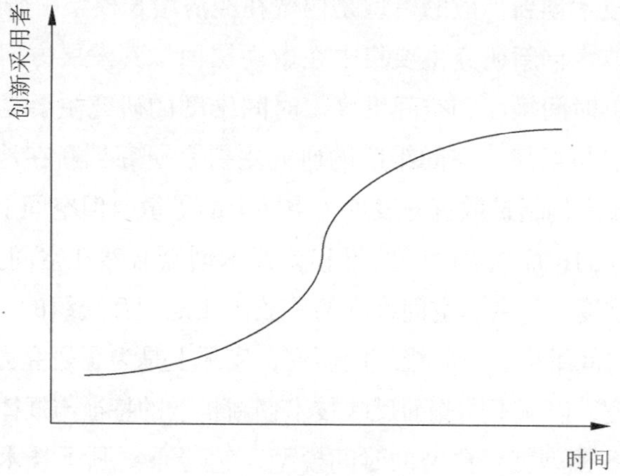

图 3-1　技术创新扩散的 S 曲线

技术创新扩散的 S 曲线表明，人们对于新技术一开始都持有一种怀疑态度，大多数人不会立即接受。在新技术刚刚出现还不为行业内所熟知的情况下，只有充分了解这一技术，而且敢于承担风险的人才会尝试去接受。随着新技术越来越完善，采用者会越来越多。S 曲线被提出以后，在行业技术创新扩散方面具有普遍意义和重要地位，并得到了广泛的认同，曼斯菲尔德、巴斯、布莱克曼（Blackman）等的研究都证明了这一点。

Bass 模型是最著名的 S 曲线扩散模型之一，它由美国管理心理学家巴斯于 1969 年提出，通常用于对新产品、新技术需求进行市场预测。Bass 扩散模型作为市场扩散分析的一种工具，其主要功能是对耐用消费品的市场扩散进行描述和预测。该模型假设一项新技术的市场扩散主要受两种信息媒介的影响：一是大众传播媒介，比如公开媒体的广告，主要传播产品中容易被识别的信息，如价格、外观、功能等；二是人际传播，即新技术的采用者对未采用者进行的传播，主要传播产品性能中难以直观识别的特征，如产品的耐用性、便捷性、可靠性等。

设 M 为新产品的潜在采用者总数，$N(t)$ 为 t 时刻的累计采用者人数。考虑到社会压力的影响，假设在 t 时刻采用创新的条件概率是已采用者比例的线性函数：$p+\left(\frac{q}{M}\right)N(t)$，且其中 p 为创新系数，q 为模仿系数，则在 t 时刻采用创新者数为

$$\frac{\mathrm{d}N(t)}{\mathrm{d}t}=p[M-N(t)]+q\frac{N(t)}{M}[M-N(t)]=\left(p+q\frac{N(t)}{M}\right)[M-N(t)] \tag{3-1}$$

式（3-1）中，$p[M-N(t)]$ 表示因外部影响而购买新产品的采用者人数，即这些采用者未受已采用者的影响，也称为创新采用者。而式中的 $q\frac{N(t)}{M}[M-N(t)]$ 代表那些受已采用者影响而购买新产品的人数，称为模仿者。当 $t=0$ 时，$N(0)=pM$，即假设在创新扩散开始时，有 pM 个采用者，也可以理解为在新产品正式进入市场前，以试销或赠送样品等形式来吸引采用者。解该微分方程，可得到 Bass 模型的两种曲线形式方程，式（3-2）为 S 型累积曲线形式，式（3-3）为钟状的增长形曲线形式：

$$N(t)=m\left[\frac{1-\mathrm{e}^{-(p+q)t}}{1+\frac{q}{p}\mathrm{e}^{-(p+q)t}}\right] \tag{3-2}$$

$$n(t)=m\left[\frac{p(p+q)^2\mathrm{e}^{-(p+q)t}}{[p+q\mathrm{e}^{-(p+q)t}]^2}\right] \tag{3-3}$$

许多创新经验已经表明，新技术的市场扩散完全可以用 Bass 扩散模型进行描述。Bass 模型中的 S 曲线就是对技术创新扩散数量方面的描述，反映的是随着时间的推移和新技术的推广，新技术采用者的累计数量。钟型曲线是对技术创新扩散速度方面的描述，通过新增使用者数量的变化，反映新技术扩散过程的规律性。

在 Bass 模型中，若 $q=0$，则式（3-1）变为

$$\frac{\mathrm{d}N(t)}{\mathrm{d}t}=p[M-N(t)] \tag{3-4}$$

式（3-4）称为 Fourt−Woodlock（或 Coleman）模型。这一模型只考虑大众传播媒介的影响，也称为纯外部影响模型，适用于潜在采用者，基本不受已采用者影响的产品的扩散过程，比如扩散周期很短的时尚产品。

在 Bass 扩散模型当中，若令 $p=0$，则式（3-1）转化为

$$\frac{\mathrm{d}N(t)}{\mathrm{d}t}=q\frac{N(t)}{M}[M-N(t)] \tag{3-5}$$

式（3-5）称为 Blackman/Fisher-Pry 模型，即著名的传染病模型。它最

早由雷德蒙（Radmond）提出，Fisher-Pry 应用该模型研究新技术替代旧技术的情况。这是一种研究潜在采用者只受已采用者影响，模仿已采用者行为的模型，也叫内部影响模型，主要适用于功能不能被直观识别的产品。当 $N(t) \to 1$ 时，得到 Coleman 模型；当 $N(t) \to 0$ 时，得到指数模型 $\frac{dN(t)}{dt}=bN(t)$ 。

S 曲线扩散模型也存在一定的缺陷，因为 S 曲线成立的假设条件是扩散环境不变，并且技术在传播过程中也没有发生任何改变；但实际中这种假设条件在很多时候并不成立。为了克服 S 模型的这一缺陷，学者们在 S 模型的基础上，通过改变原模型的系数 p 和 q，得到了许多更灵活、实用性更强的总量扩散模型，如戴维斯（Davis）的阀值模型、贝叶斯（Thomas Bayes）的学习模型、雷甘姆斯的博弈理论模型和库姆斯（Coombs）的技术传染模型等。

另外，基本 S 曲线类扩散模型无法测定创新扩散影响因素（如价格、技术供给、政策、文化环境等）的作用大小，因此许多学者尝试将这些因素纳入扩散模型，形成了若干扩展模型的扩散模型，如引入价格的模型、引入广告的模型、引入市场潜力变量的模型、引入产品属性和市场特性的模型、存在供给约束的模型、引入多阶段的模型、引入随机性的模型等。限于篇幅及研究重点，此处不再赘述。

3.1.2 引力模型

S 曲线模型侧重于刻画扩散速度按时间扩散的过程，对技术创新的空间扩散过程并没有关注。瑞典学者哈格斯特朗在研究瑞典阿斯比（Åsby）地区移民案例时，提出了空间扩散模型 MIF。此后，许多学者对此模型加以改进，提出了若干空间扩散模型，其中比较有影响的是引力模型及最大熵模型。

引力模型又称重力模型，其思想来源于牛顿的万有引力定律。人们在长期实践中发现，变量之间的相互作用强度随空间距离的增大而减弱，因此认为变量之间的相互作用具有牛顿万有引力的形式，即

$$T=K\frac{OD}{C^{-2}} \tag{3-6}$$

式中 T 为空间的相互作用；O 和 D 分别代表两个空间点的信息；K 代表

空间分离程度的变量，可以是代表距离的变量，如物理距离、时间、资金等；C^{-2} 是空间分离函数，表示空间间隔（如距离）对空间相互作用的影响，这是引力模型的一般表示。由于引力模型中的分母指数为 −2，学者们认为过于武断，因此贝瑞改进了模型的形式：

$$T = K\frac{OD}{C^{b}} \tag{3-7}$$

式（3-7）中指数 b 可以根据不同作用形式取不同的值。在引力模型下，贝瑞还分析了两个区域之间创新扩散的机制条件与扩散的概率。引力模型的缺点在于模型的理论基础并不完备，参数选择的主观性较强。

3.1.3　最大熵模型

最大熵模型由威尔逊于 1967 年提出，他采用最大熵原理构造了一个空间扩散模型，其一般形式为

$$T_{ij} = A_{i}B_{J}O_{i}D_{j}f(C_{ij}) \tag{3-8}$$

威尔逊提出的模型，假设空间有 n 个扩散区域，O_i 为 i 区域的扩散信息的流出总量，D_j 为 j 区域的扩散信息流入总量，C_{ij} 为点 i 和 j 之间一般距离的度量。在一定的约束条件下，威尔逊运用最大熵原理得出了区域之间的技术创新扩散的机制条件，以及在某一时刻 i 区域向 j 区域进行技术创新扩散的概率。

引力模型和最大熵模型是空间扩散模型中最主要的两个模型，它们都是对哈格斯特朗的 MIF 模型的改进与拓展，在一定程度上打破了 MIF 模型的局限性，有着广泛的应用。

3.1.4　时间和空间结合模型

时间扩散模型和空间扩散模型均存在一定的局限性，即仅考虑了时间或空间一个维度的扩散情况。技术创新扩散是一个在时间和空间同时扩散的过程，两个维度不可分割。因此，随着对扩散研究的深入，将两个维度的扩散结合起来考虑成为一个必然的研究方向。在将时间和空间相结合方面，有两个研究方向：一个是将时间因素加入到空间模型当中，形成“时间—空间”扩散模型；另一个是将空间因素加入到时间模型当中，形成“空间—时间”模型。

佩德森、贝瑞、韦佰等将时间因素加入空间模型，相继提出了扩散的“时间—空间”模型：

$$I_{it} = \sum_{i=1}^{n} k \frac{(S_i A_j)}{e^{bd_{ij}}} \text{（当 } T_j > F \text{ 时）} \tag{3-9}$$

其中，I_{it} 为地点 i 在时间 t 时接触（信息）的数量；S_i 为易感者的数量；A_j 为接受者的数量；d_{ij} 为地点 i 和 j 之间的距离；$(S_iA_j)/e^{bd_{ij}}$ 为接收者与易受影响者有机会相互交流的次数，这种机会一般随距离的增加呈指数衰减；T_j 为第一次接触（信息）的时间；F 表示从最初接受有关创新的信息到第一次采用所花费的时间。该模型可以用来预测某项新技术从拟采用者开始接触信息到决定采用该技术的时间，还可以预测各企业采用的先后顺序。从这个意义上讲，该模型具有时间维度和空间维度的特征。

还有一些学者将空间因素加入时间扩散模型，构造出“空间—时间”扩散模型。卡赛迪和森普尔基于 Logistic 模型，设接收者所占的比例（在时间 t）是

$$P_{At} = \frac{1}{1+e^{a+bt}} \tag{3-10}$$

模型中包括的空间因素通过估算参数 a 和 b 在特定地点的取值来体现，a 和 b 的取值分别由以下两式决定：

$$a = a_0 + a_1 d + a_2 d^2 \tag{3-11}$$

$$b = b_0 + b_1 d + b_2 d^2 \tag{3-12}$$

上述两式中 d 为接收地与扩散源之间的距离，最终的模型形式为

$$P_{At} = \frac{1}{1+\mathrm{e}^{a_0+a_1d+a_2d^2+b_0t+b_1dt+b_2d^2t}} \tag{3-13}$$

式中参数由最小二乘法算出，其结果是一个集合了“空间—时间”因素的趋势面。除此之外，克利夫（Cliff）和奥德（Ord）建立了自相关模型来预测扩散过程。

这两类模型一个是将时间因素加入空间模型中，另一个是将空间因素加入时间模型中，都受空间距离的影响；对空间因素的理解是影响两类模型效果的重要因素。从整体上看，这两类模型都是将时间和空间因素牵强地放在一起，存在实践性较差的特点，无法真正反映扩散过程中

的时空特征及展开模式。

3.2　技术创新扩散的测度

对技术创新扩散进行测度，一直以来都是学术界研究的重要问题之一，无论宏观层面的还是微观层面的技术创新扩散研究，都有必要对其扩散的程度或者扩散的效应等进行测度。中外学者从不同的角度对技术创新扩散进行了测度，但如何对国际技术扩散进行准确的量化测度，到目前为止在理论界依然是一个尚未解决的难题。

3.2.1　技术创新扩散水平的测度

从宏观角度研究技术创新扩散，通常采用间接测度方法测度技术扩散的水平。有的研究采用产出指标，如用专利申请数、专利引用数、高科技产品出口占比等作为被解释变量。布雷希（Breschi）采用 1978—1991 年间欧洲专利数据，对欧洲跨产业的创新活动及扩散进行了研究；贾菲（Jaffe）将同一州的专利活动与知识投入联系起来，将专利被引用的地理位置与被引用的专利所在的地理位置进行比较，以证明知识溢出在地理上的本地化程度。

有的研究把专利申请数作为衡量技术进步的指标，使用这一指标出于以下原因：一是专利需要经过专门的申请程序才能成为专利，专利本身就具有一定的技术进步性；二是许多欠发达地区引进技术的途径就是从发达地区购买专利，所以较多的专利申请是供给购买者的基础，也意味着更有效的技术扩散。

国内的部分研究还把技术市场成交额作为我国技术扩散水平的衡量指标，采用这一指标的初衷与把专利数据作为衡量指标的初衷是相同的，技术市场成交额反映的是国内技术市场成交合同的金额，而成交合同中以专利技术居多。

产出类指标除了专利之外，还可以选用综合指标来表示技术进步。范黎波、郑建明、江琳计算了 134 个国家和地区的技术成就指数，将技术成就指数作为衡量国家或地区技术实力的测度指标。计算方法参照联合国开发计划署（The United Nations Development Programme，UNDP）

2001 年的计算方法，将年人均专利数、从国外获得的专利许可费用、网络主机数、高新技术产品出口在总出口中所占比率、电话普及率、电力使用量、15 岁以上的人均受教育年限和某些理工科专业的学生总入学率共 8 项指标，综合计算得出各国的技术成就指数。

3.2.2 技术创新扩散效应的测度

(1) C-H 模型测度法

最早对技术创新效应进行定量研究的是 Coe 和赫尔普曼，他们以知识驱动的内生模型为基础，研究国外研发对国内全要素生产率的影响，首次使用了进口份额作为权重构造国外研发资本存量，即著名的研究国际 R&D 技术溢出的模型，简称 C-H 模型。C-H 模型的表达形式为

$$\ln F_i = \alpha_i^0 + \alpha_i^d \ln S_i^d + \alpha_i^f \ln S_i^f \tag{3-14}$$

式中，$i=1, 2, 3, \cdots$表示国家；F_i 表示第 i 国的全要素生产率；α_i^0 为常数项，表示第 i 国的固定截距项；S_i^d 表示第 i 国的国内研发资本存量；S_i^f 表示第 i 国的国外研发资本存量；α_i^d 表示第 i 国的国内研发资本存量对全要素生产率的弹性；α_i^f 表示国外研发资本存量对全要素生产率的弹性。

C-H 模型开创了国际技术溢出效应研究的先河，此后众多学者在 C-H 模型的基础上进行改进，对技术创新扩散进行研究。技术创新扩散效应的测度指标的选取多遵循 C-H 模型的思路，将全要素生产率或劳动生产率作为衡量扩散效应的指标，即作为被解释变量，其中全要素生产率应用得最多。解释变量通常包括进口贸易额、FDI、对技术扩散的吸收能力、国家政策等。

(2) 以国外活动为解释变量的相关测度

这种测度方法是在 C-H 模型的基础之上发展起来的，与 C-H 模型同属于相关因素测度法。这种方法的基本思想是：国外活动会引起国内技术的变化，所以将代表这些外国活动的变量与表示国内技术变化的变量进行回归，就可以测度国际技术扩散是否存在，如果回归结果为正，就认为存在国际技术扩散。公式如下：

$$DTO = f(X, FA) + \mu \tag{3-15}$$

式中 DTO 表示国内技术变化；X 为控制变量向量；FA (Foreign Activity) 表示某种国外活动，如 Aitken 和 Harrison 用某行业外资企业雇佣劳动力

占全行业的比重作为 *FA* 的数据，*DTO* 采用的是国内企业生产率；μ 为误差项。

（3）一般均衡测度法

与同属于相关因素测度法的前两种方法不同，国际技术扩散测度的一般均衡模型是由伊顿和科图姆创建的。一般均衡测度法是以中间投入品的质量和数量为基础，假设已知一个国家对另一个国家技术扩散的速度，就可以计算出技术扩散率，再通过计算稳态的世界全要素增长率来测算国际技术扩散。

Eaton & Kortum 模型为测度国际技术扩散提供了创造性的思路，但这一模型也存在一些缺陷。首先，模型的实现需要很多假设，而其中一些假设根本无法得到验证（比如模型假设一国技术的质量是呈帕累托分布的）；其次，模型中设定了很多待估计的参数，但这些参数大多无法直接估计，只能直接使用前人的研究成果；最后，还有一个最大的缺陷，就是无法用实证数据对模型进行检验。

目前，对国际技术扩散进行测度依然处于发展阶段，缺乏能准确测度国际技术扩散的方法。所以，从某种意义上说，由于国际技术扩散的测度方法不同，国际技术扩散的结论也有所不同。比如，对于是否存在国际技术扩散这一问题，同样运用 C-H 模型进行测度，但因为对于国外 R&D 投入的权重的加权处理方法不同，就可能产生不同的甚至相反的结论。因此，尝试采用多种方法对国际技术扩散效应进行测度就显得十分必要。

3.3　拟采用的扩散模型及指标体系

如何对技术创新扩散进行测度是建立模型时需要重点考虑的问题。对技术创新扩散进行测度需要考虑三个方面的因素：一是模拟模型的选择；二是指标体系的构建；三是估计方法的确定。其中估计方法在后续具体章节中予以介绍，本部分主要对模型选择与指标体系构建进行简要分析。

3.3.1　模型的确定

本章已经对 S 曲线模型、引力模型、最大熵模型等主要模型进行了介绍。但这些模型大多都是针对微观层面的扩散研究，虽然在宏观应用方面也有涉及（如引力模型等），但对数据的要求较高。本书拟在宏观层面构建技术创新扩散模型，用以反映中美两国之间特别是美国向我国的技术扩散情况，因此拟采用结构方程模型进行研究。

结构方程模型（Structural Equation Modeling，SEM）是一种综合性的系统分析方法，它将一些不能直接观测而又将要研究探讨的问题作为潜变量，潜变量只能通过一些可直接观测的指标（称为观测变量）来反映，从而建立起潜变量与因变量之间或者潜变量相互之间的关系模型。结构方程模型综合了多重回归、路径分析、因子分析、协方差分析等多种方法，能够比较直观地反映变量之间的相互关系、潜变量对因变量以及观测变量与潜变量之间的影响。

有关结构方程模型的构建及具体步骤，详见本书第 7 章的内容。

3.3.2 测度指标体系

基于第 2 章的理论分析，本书从投入、产出、环境系统三个方面选择指标构建技术创新扩散测度的指标体系。

（1）技术扩散的测度指标（因变量）

结合 3.2 节的内容，对于扩散水平和效应的测度，因变量的选择通常有以下几种方法：一是以专利类指标作为扩散效果的测度，包括专利申请数、专利授权数或专利引用数等指标；二是以技术市场合同交易金额为测度指标；三是通过测算全要素生产率（TFP）反映技术进步或扩散状况。TFP 的测算方法众多，比较有代表性的有索洛残差法、Malmquist 指数法等。采用 TFP 反映技术扩散的优点在于，它能够综合反映社会的整体技术进步或创新扩散效果情况；在方法选择恰当、指标采用合理的情况下，所得结果具有较强的可比性。测算 TFP 也有缺点，如用不同方法测算得出的结果差异较大等。

本书的后续研究中，拟采用技术市场合同交易金额作为衡量技术扩散水平的因变量指标，TFP 作为技术创新扩散效应的因变量指标，分别建立主成分回归模型和结构方程模型对技术扩散的因素和效应进行研究。

（2）扩散影响因素的测度指标（自变量）

结合第 2 章的理论分析，影响技术创新扩散的因素涉及扩散源、接收地、扩散环境等多个方面。为了全面具体地反映技术创新影响因素，并考虑到指标体系的覆盖性、全面性、可操作性等原则，本书第 6 章技术创新扩散因素的自变量指标体系，拟从创新投入、科技成果、科技中介、信息服务技术、政策支持 5 个方面构造一级指标，5 个一级指标下面共设有 12 个二级指标。第 7 章技术创新扩散效应的测度，结构方程模型的指标体系，拟构造包括贸易与投资、国际差距、经济环境、科技环境、吸收能力、基础设施、政府政策 7 个潜变量，18 个观测变量的指标体系，详见第 6-7 章的相关内容。

第4章 <<<

国内外技术创新扩散模式分析

技术创新扩散模式的选择，对于技术扩散的成效影响尤为显著。发达国家技术创新扩散模式对我国有一定的启示作用。分析发达国家的技术创新扩散模式，可以使我们少走弯路，更快更好地建立适合我国的技术创新扩散模式。拥有比较完善的技术扩散模式的发达国家包括德国与美国。德国作为欧盟成员国第一大经济体，科技发达，工业基础雄厚，这主要是因为德国拥有完善的科技管理和研发体系，其中包括相对完善的技术扩散模式。在美国，大学和联邦科研实验室在技术创新扩散中起着主要作用，大学和研究机构既是科技创新的重要主体，也是技术创新扩散的重要源头。我国作为世界第二大经济体，科技的进一步发展需要建立完备的技术创新扩散模式，目前，具有中国特色的技术扩散模式已经基本形成，但还需要进一步完善。本章通过分析德国、美国以及我国技术创新扩散的模式，总结发达国家和我国技术创新扩散模式的特点，发挥我国本土优势，选择并完善适合我国技术创新扩散的模式。

4.1 德国的技术创新扩散模式

德国具有雄厚的工业基础，其工业的蓬勃发展与发达的产学研合作体系密不可分。德国制造业最显著的特点就是注重创新，产学研合作体系为制造业源源不断地提供创新动力，保障了德国制造业的长盛不衰。伴随着制造业的发展和产业升级的需要，企业对新技术的需求更为迫切，这为大学、科研机构的科技成果转化提供了有利时机，为德国的产学研合作提供了肥沃土壤。

德国建立了比较完备的技术扩散体系，该体系的一个重要特征就是在科研体系内部建立专业化的技术转移服务机构。在德国，大型企业大都设有自己的研发中心，中小企业除自己研发外，还积极寻求外部技术转移服务；德国的高校，尤其是工科类高校普遍建立了专业化技术转移中心；德国政府高度重视科技成果的转化，一方面从立法和政策上对其进行引导，另一方面投资建立科技园区促进新技术的转化。德国技术扩散领域的服务机构大致可以分为三类：一是高校设立的技术转移服务机构；二是专业的技术转移服务机构；三是研究机构设立的技术转移机构。本章主要分析德国规模最大、影响最大的三个技术转移机构的技术扩散运行模式，即德国技术转移中心、德国史太白技术转移中心和德国弗劳恩霍夫协会。

4.1.1　德国技术转移中心扩散模式

德国技术转移中心是一种非营利性的、全国性的组织，几乎每个州都有一个这样的中心，其职能相当于我国的生产力促进中心。德国技术转移中心的服务对象主要为中小企业，主要职能是为技术交易服务、提供技术咨询、提供专利和信息服务等，是一种技术转让型的技术扩散模式。技术转移中心的经费一部分来自政府，一部分来自工商协会中各企业缴纳的会费。德国技术转移中心对工作人员的专业要求较高，很大一部分工作人员具有相关专业领域的博士或硕士学位，中心同时聘请专业领域内的一些权威人士担任顾问。每个州的技术转移中心都秉承着“多角度、多形式”、尽可能为企业提供多样性的技术服务的原则。概括起来，技术转移中心提供的服务可以用图 4-1 来表示：

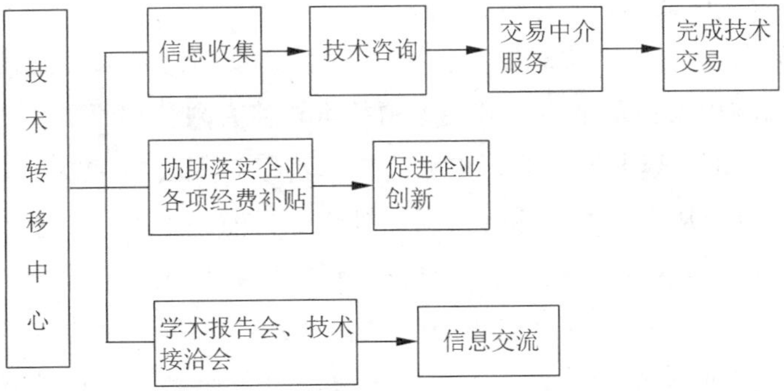

图 4-1　德国技术转移中心工作流程图

从图 4-1 中可以看出，德国技术转移中心的工作大致分为三种：一是提供技术中介服务；二是为促进企业技术创新服务；三是提供信息交流服务。技术中介服务是技术转移中心的主体业务，收集和查询企业所需要的各种专利、技术、科研成果等信息，为本地区范围内的企业提供技术咨询和技术服务，如企业确有需求，中心则提供中介服务，为企业寻找合作伙伴，促成技术提供者与技术需求者之间的交易或者合作。技术转移中心还承担着促进企业技术创新的工作，为了促进中小企业的技术创新，中心会协调所在州的基金会落实对企业的财政补贴；中心还设有专门的机构负责和欧盟其他国家进行沟通，寻求合作，帮助企业从欧盟国家申请科技创新补贴，促进企业的技术创新。德国技术转移中心还有一项重要的工作，即提供信息交流平台。中心经常举办学术报告会和技术接洽会，加强技术供给者和需求者之间的信息交流，并积极邀请本地区的研究机构、高校、拥有新技术或新产品的企业等参加德国重要的工业展览会，推动新技术进入市场，为新技术扩散提供可能。

由于德国技术转移中心是非营利性组织，其为企业所提供的一切服务均为无偿的。这种无偿的服务对于企业来说，不需要付出任何成本就可以享有高质量的技术中介服务，而对于技术的供给方来说，不需要付费就可以在技术转移中心寻找到需求方。德国技术转移中心的扩散模式提升了技术供需双方的扩散动力，促进了新技术的扩散，并推动了中小企业的技术创新。

4.1.2 史太白技术扩散模式

史太白技术转移体系成立于 1971 年，其核心由史太白经济促进基金会（简称史太白基金会）和史太白技术转移有限公司组成。史太白基金会是州立的非营利性组织；史太白技术转移有限公司隶属于史太白基金会，是专门从事技术转移的营利性机构。目前，史太白技术转移中心的经营范围已经由最初的巴登 · 符腾堡州扩展到全国乃至全球范围，成为在世界上都有着重要影响的国际化、全方位、综合性的技术转移组织，它已在 50 多个国家设立了独立核算、自主决策的专业技术转移机构或分中心。2019 年，史太白网络拥有 1 075 家转移企业，6 000 多名员工，总营业额达 1.70 亿欧元。①

(1) 史太白技术转移体系的组织结构

图 4-2 为德国史太白技术转移体系的组织结构图，这一体系包括史太白基金会、史太白技术转移有限公司和其他技术转移支持机构，其中史太白技术转移有限公司下辖史太白技术转移中心和史太白企业，史太白技术转移中心又包括史太白研究中心、史太白咨询中心、柏林史太白大学和史太白技术转移研究所、史太白控股公司。史太白经济促进基金会是整个史太白网络的中枢，基金会设有理事会和执行委员会。史太白技术转移有限公司属于基金会的下设机构，是独立子公司，掌管史太白技术转移中心和史太白企业。

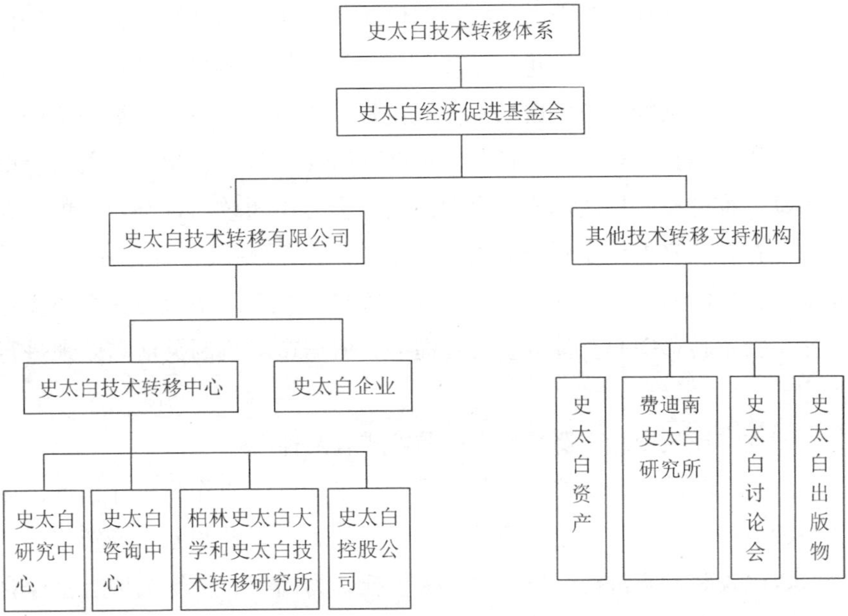

图 4-2　史太白技术转移体系的组织结构图

(2) 史太白技术转移中心的运作机制

史太白技术转移有限公司对技术转移中心负有管理职责，各技术转移中心需向公司提交财务报告，对于运营出现问题的技术转移中心，公司应及时予以关闭。技术转移中心是史太白体系的基石和主要收入来

---

① 中国国际科技交流中心官网，https：//www.ciste.org.cn/index.php?m = content&c = index&a = show&catid = 98&id = 1797.

源。每个技术转移中心都是相对独立的，单独与企业进行联系，遵循市场化的运作规则，根据顾客需求提供服务，灵活性高。其运作机制大致如下：首先，拥有新技术或专利的专家或教授向史太白董事会提出建立技术转移中心的申请；其次，董事会对该项技术进行评估，确认其具有较高的市场价值，双方签约成立技术转移中心，如申请人并未提出建立技术转移中心的要求，基金会将申请人的技术交由现有技术转移中心进行技术转移；最后，技术转移中心成立之后，实行自主核算，自负盈亏，并且每年需上交10%的营业收入给基金会，基金会负责对技术转移中心进行管理。

（3）史太白技术扩散模式

史太白经济促进基金会的宗旨是促进知识和技术转移、科技与经济结合、创新能力向社会转化。在基金会的管理下，各技术转移中心有序运行，形成了独特的史太白技术扩散模式。在政府与市场双重动力的推动下，史太白技术转移体系打造了一种政府支持与市场运作完美结合的双重动力推进技术扩散模式。史太白基金会是由州政府推动建立的，在成立之初，政府提供了税收优惠、拨款资助、采购服务等方面的支持，目前它仍能够从州政府得到大量项目。1999 年之后，史太白完全市场化运作，技术转移中心在基金会的管理下，依据市场机制灵活高效地进行运作。

史太白模式中最主要的技术扩散模式有两种：

一是产学研结合的技术扩散模式。技术转移中心作为中介桥梁，促成高校或科研机构与企业之间的合作，使技术得以顺利向市场转移。该模式以高校和科研机构的技术潜力为依托，为高校、科研机构与企业合作提供了平台，提供技术的科研机构和高校通过与技术转移中心合作找到技术转移的接收者，而企业作为技术的需求者，通过技术转移中心找到了合作伙伴。由于技术转移中心的负责人是拥有新技术的专家或教授，这些专家、教授利用业余时间兼职管理技术转移中心，其主要职责依然是技术开发。他们不断地依据市场需求开发新技术，再通过转移中心寻找企业作为合作伙伴，中小企业通过这种产学研的技术扩散模式有效地降低了研发成本。

二是技术转让扩散模式。巴登・符腾堡州（简称巴符州）是德国高校最多的州，众所周知的海德堡大学、卡尔斯鲁厄理工学院、斯图加特大学等都位于巴登·符腾堡州。不仅如此，该州还汇集了弗劳恩霍夫研究所、亥姆霍兹研究协会联合会、马克斯—普朗克研究所等德国重量级的科研机构，由此可见，巴符州拥有雄厚的科研实力。此外，巴符州的制造业发达，传统经济部门以汽车制造、机械设备制造、电子制造、数据处理和金属加工为主，拥有戴姆勒、保时捷、博世和海德堡印刷等世界著名企业。史太白技术转移体系依托巴符州得天独厚的产业和科研优势，打造了规模庞大的技术转移平台，加快了专利技术转让的进程，促进了新技术的扩散。

4.1.3　弗劳恩霍夫扩散模式

弗劳恩霍夫应用研究促进协会（简称弗劳恩霍夫协会）成立于 1949 年，是德国乃至欧洲最大的应用科学研究机构，它是公益性的非营利组织，目前在德国有 76 个研究所和研究单位，有 3 万余名员工，主要是科学家和工程师。[①] 协会旨在促进应用研究，帮助企业特别是中、小企业开发新技术、新产品、新工艺，并协助企业解决创新发展过程中的组织、管理问题。弗劳恩霍夫协会的主要使命包括三个方面：一是在国际范围内开展应用研究，促进应用研究的发展，为企业、政府及整个社会提供服务；二是通过新技术的开发推动产业经济发展，提高德国和欧洲的竞争力；三是注重提高工作人员的专业性，提升他们的工作技能。

（1）弗劳恩霍夫协会的组织架构

弗劳恩霍夫协会采用了模拟现代企业管理的组织架构，使协会的决策更加高效合理。如图 4-3 所示，协会的最高权力机构为会员大会，会员大会通过选举产生理事会；会员大会相当于企业中的股东大会，股东大会通过选举产生董事会，协会的理事会相当于董事会。理事会是最高决策机构，负责制定基本的研发战略，管理研究所的建立、合并、关闭以及修改协会章程等事宜。执行委员会由理事会任命，相当于企业的经理层，负责财务预算的编制、经费分配、规划起草和研究所领导人的聘任等具体事宜。执行委员会下设高层管理委员会，属于协会的运行协调机构，协会另设有学术委员会，相当于企业中的监事会。学术委员会主

---

① 德国弗劳恩霍夫协会官网，www. fraunhofer. cn.

要就发展规划、科研事项、科研所成立变动等事宜，向执行委员会提出意见和建议。

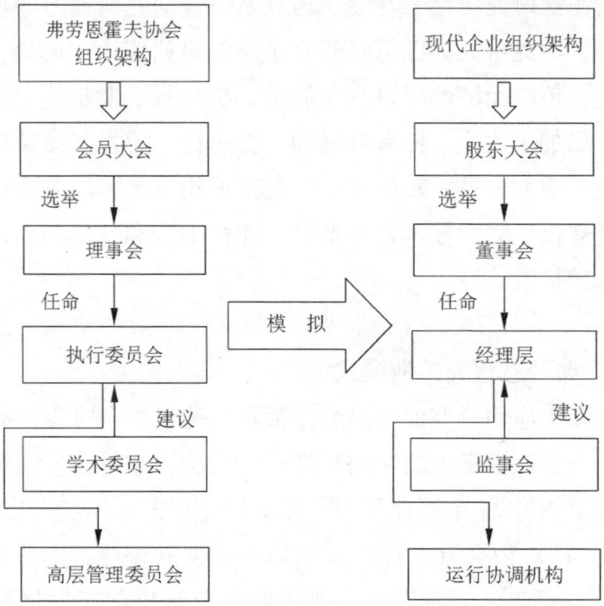

图 4-3　弗劳恩霍夫协会组织架构与企业组织架构对比①

（2）弗劳恩霍夫协会的技术扩散模式

弗劳恩霍夫协会作为应用研究机构，主要采取“科研合作”的方式为企业提供研发服务。除合作之外，对已经开发完成的新技术，则通过技术转让的方式提供给需求者。

具体来说，协会的技术扩散模式主要有以下几种：一是合同方式的科研合作。协会与合作企业共同分析科研任务，确定所要达到的科研目标，共同商定研究方法及科研费用等，最终以合同的方式落实双方认可的商议结果。通过这种方式的合作，企业避开了自身研发力量的短板，而协会的研究所可以充分发挥自己研发的专长，研发成果完成后交付合作企业，合作企业便可以很快投入运营，研究所将从企业拿到的经费用于新技术的研发。协会通过与企业合作不仅得到了资金支持，研究队伍和研究水平也得以不断扩大和提升。二是衍生公司。弗朗恩霍夫协会研

① 余建芳，魏润．德国弗劳恩霍夫协会——制度卓越的应用型科研机构［EB/OL］．［2019-08-16］．https：//www.sohu.com/a/336623580_176572.

究所的研究人员可以成立公司，如果公司需要协会的技术，协会可以成为公司的股东，这种协会持有公司股份的方式使得公司在运营过程中能更多地得到协会的支持。三是通过技术转让许可的方式，把现有的技术转让给有需求的客户。四是通过协会向企业输送专业人才的方式，使企业能够更好地进行技术研发。协会培养了大量的专业人才，每年都有一定数量的科研人员从协会离开到企业任职，这间接促进了新技术的研发和扩散。五是协会还可以与企业建立长期的战略合作关系，根据企业发展战略达成双方的技术合作。

4.2　美国的技术扩散模式

4.2.1　美国大学的技术扩散模式

美国的技术创新扩散最早始于大学。1912 年，加州大学伯克利分校的科特雷尔（Frederick G. Cottrell）教授成立了一家非营利性的研究公司（Research Corporation，RC）来管理自己和其他学校的专利，从事大学的专利许可业务，开创了美国大学设立技术转移中心的先河。

经过一百多年的发展，美国大学的技术扩散衍生出三种主要模式：① 第三方模式。此模式最先被麻省理工学院采用，该校于 1937 年与 RC 签署协议，将学院的专利发明等交给 RC 管理，至今仍有部分学校在运用此模式。② 校友研究基金会（Wisconsin Alumni Research Foundation，WARF）模式。此模式于 1925 年被威斯康星大学采用，后被明尼苏达大学、俄亥俄州立大学等院校效仿，但由于当时大学专利管理的做法遭到很大非议，因此该模式并未得到广泛推广。③ OTL 模式。此模式由斯坦福大学开创，至今仍被众多大学采用，成为大学进行技术转移与扩散的代表性模式。因此本书着重介绍最具代表性的 OTL 模式。

斯坦福大学于 1970 年 1 月 1 日成立了技术许可办公室（Office of Technology Licensing，OTL），从事技术转移事业，使新的专利和技术从大学向使用部门扩散。OTL 模式出现以后，技术转移业务很快就有了起色，到 20 世纪 90 年代，绝大多数大学都开始采用这一模式。OTL 模式成为目前为止最成功的大学技术扩散模式。

（1）OTL 模式的程序

OTL 模式的工作程序分为四个步骤：一是发明的披露。OTL 首先要对专利发明进行披露，此前需要发明人向 OTL 提交“发明和技术披露表”，技术发明披露的全过程由技术经理全权负责。二是技术评估。技术经理根据自己掌握的信息，对该发明进行深层次的评估，在确保有企业愿意接受专利许可的情况下，再申请发明专利。三是营销与谈判。企业只要具备专利发明商业化所需要的条件就可与技术经理谈判，并签订专利许可协议。四是后续跟进工作。在一项技术成功转让之后，专业授权人员负责保持企业与 OTL 的联系，具体工作包括监督被许可方的执行情况、了解产品在扩散过程中的市场化进程、向被许可方提供必要的咨询服务、及时获得技术转让反馈信息并向大学汇报，以及向被许可方收取技术许可费等工作。

OTL 模式规定，发明人不可以直接与企业进行谈判，必须由技术经理全权代表，这是因为发明人往往集专利许可收入分享者、公司顾问、董事及教师身份于一身，属于直接利益相关者。发明人如果与谈判企业存在关联，并且该企业最终成为专利许可对象的，则 OTL 要起草备忘录，证明该企业是经过筛选的，最后需由院长审批。OTL 模式的技术扩散流程如图 4-4 所示。

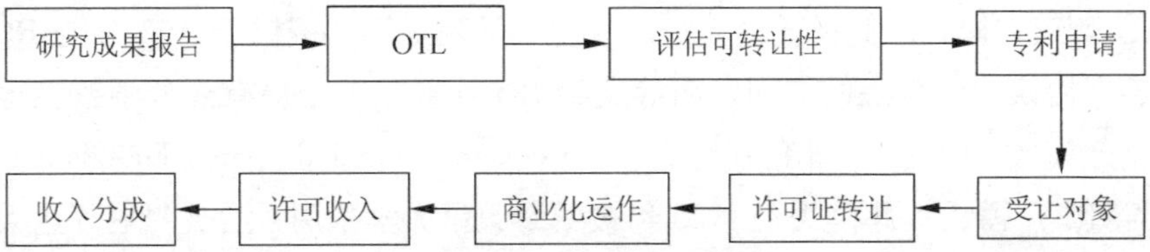

图 4-4　OTL 的技术扩散流程

一项研究应先由研究人员准备并提交成果报告给 OTL，OTL 通过评估其转让的可行性，决定是否申请专利，专利申请后 OTL 从现有的企业或者新成立公司中寻找受让对象，然后为被许可企业颁发许可证，受让企业对技术进行商业化运作，OTL 收取许可收入。

（2）OTL 模式的特点

OTL 模式的特点主要体现在三个方面：

一是 OTL 的定位明确。OTL 是大学发明专利的管理机构，并不是公司，颁发专利许可并不会对 OTL 自身的利益产生影响。OTL 专利收入中的一小部分（15%左右）用作自身的预算开支，其余部分作为学校的教育和研究经费，当然这只是大学研究经费的次要来源。OTL 本身不是企业，大学自身也不创办企业，所以专利技术的受让方只能是其他企业，技术的商业化是受让方要做的事情，而 OTL 只是出让专利技术，将技术转移给企业，收取专利技术的许可费用。所以，OTL 的技术扩散体现的是作为研发主体的大学将创新的技术扩散到企业的一种模式。因为大学属于非营利组织，被视为精神自由和学术独立的象牙塔，所以美国大学不会自己创办企业，只在其他企业内进行技术扩散。但是，随着创业企业的兴起，专利技术的受让方用股权代替部分专利许可费，使 OTL 被动地持有越来越多的创业企业的股权。由于企业难以判断距离投入应用较远的技术的商业价值，所以技术越接近于应用阶段，越容易被转让出去。鉴于此，OTL 愿意出资孵化师生的技术，使出让的技术是初步成型的技术。

二是 OTL 的研究激励基金机制。OTL 研究激励基金是 OTL 为支持具有创新性的研究想法而设立的基金，主要目的是资助已初步成型但尚未许可的技术。OTL 对每项技术的资助额度不高，主要资助那些有商业价值，而企业或风险资本又不愿投资的技术，OTL 通过加大对这些技术的孵化力度，使其应用性变得愈加明显，从而吸引企业来购买该项技术。也就是说，OTL 将一项技术孵化成功后，一旦有合适的企业就会将它转让出去，再由受让企业实现该技术的商业化。

三是大学出台了一系列的研发激励政策。很多大学都明确规定，所有大学教职工或学生、雇员在工作中或通过使用学校的资源而得到的发明专利，都应及时向大学披露，并归大学所有。教职工可以创办企业，但企业的工作必须与其在大学中的工作没有利益冲突，如学校教授不能同时做公司的管理人员，教职工如需创办企业，可以请假或者申请停薪留职，当不在企业中任职时，可以再回校任教。大学教职工创办的企业，如果需要采用本校的专利技术，也必须经过许可，缴纳技术许可费；允许创业公司以股权代替部分专利费；对技术许可的收入分配也有明确的规定，通常是许可收入的 15%用来维持运转，剩下的按发明者、发明者所在系、学校各 1/3 的比例进行分配。

（3）OTL 的技术扩散运作模式

目前，OTL 使用最多的技术创新扩散模式有三种：技术授权、创立新公司和合作研发，这三种模式的主要区别在于大学的参与程度不同。一是技术授权模式，它是指技术许可办公室通过技术转让、技术合作、技术服务等方式，将已经申请专利的技术转移给学校以外的企业或公司，再由受让方对技术进行商业化运作。二是创立新公司的模式，是指在没有找到适合授权公司的情况下，可以衍生新的公司，这些新公司多是由技术许可办公室支持建立的，由新建立的公司对创新技术进行商业化运作，一般发明人也会参与到新公司的运营中，但公司与学校并没有附属关系。这种模式是对技术授权的一种补充。三是合作研发模式，指的是技术产生于大学之外，在公司得到授权许可之后，或者在进一步的研发过程中，需要大学的知识来支持。所以，这实际上是一种大学与企业或者政府之间的联合技术创新行为，大学主要给予企业后续的技术支持和协助。

4.2.2 美国联邦实验室技术扩散模式

美国联邦实验室又称国家实验室，归属于联邦政府，隶属于能源部、卫生部、农业部、国防部、航空航天局、商务部等联邦部委，主要从事全方位、多领域的科学与工程研究工作。美国联邦实验室肩负着开展研发活动的任务，这些研发活动可以产生新技术和新的知识产权。为了使这些新技术更快地被推广应用，联邦实验室通常与其他机构（比如其他联邦实验室、联邦机构、行业、学术界或者非营利领域的非联邦组织、州或者地方政府）开展研发合作，通过合作能够有效地对技术开展研究并将其顺利转移到市场上，实现新技术的扩散。

与美国联邦实验室相关的技术扩散服务组织主要有两个，即联邦实验室技术转移联盟（Federal Laboratory Consortium for Technology Transfer，FLC）与国家技术转移中心（National Technology Transfer Center，NTTC）。下面具体分析这两个组织的技术创新扩散模式。

（1）联邦实验室技术转移联盟（FLC）的运作机制

联邦实验室技术转移联盟（FLC）成立于 1974 年。自成立以来，FLC 在促进联邦实验室的技术转移和成果转化方面发挥了重要的作用，已成为美国公共部门技术转移的典范。FLC 共有 300 多个研发实验室和中心，遍及美国东北部、大西洋中部、中西部、中南部、中部等区域，是一个全国性的技术转移管理组织，主要从事网络整合、咨询、顾问及中介等方面的服务工作。

FLC 的主要职责是提供技术转让信息与经验交流的平台，使联邦实验室、大学的技术转让信息能够为需求者所了解，为潜在合作伙伴提供信息咨询、政策和法律咨询，推动技术转移的进程。FLC 为了有序地管理会员单位，建立了以执行委员会为核心的三级网络化管理机制。各级管理机制设有相应的机构和人员，确保各层级之间及与技术转移各方的有效沟通。

FLC 第一层为执行委员会，主要负责确定 FLC 的发展目标和方向，负责年度预算，另外由工业界、学术界、州和地方政府及来自联邦实验室的专家组成咨询委员会，提供决策咨询服务；第二层为六大区域分部，FLC 按地域划分成六个区域分部，并设立区域协调员，负责本区域内 FLC 的技术转移工作；第三层为成员机构和个人会员，成员机构为来自全美的 300 多家实验室和研发中心，个人会员主要是来自各个联邦实验室的代表，是各联邦实验室与 FLC 的主要联系人。

FLC 组织架构简单、运行高效，促进了技术转移，加快了联邦资助的研究和创新成果从实验室推向市场的速度。一直以来，FLC 充分发挥准官方平台的优势，多方式、多途径提升国家实验室的技术转移能力，推进技术转移工作的顺利开展。

（2）FLC 的工作职责

以一项技术许可协议为例，从联邦实验室成功扩散到企业，也就是从企业最初了解信息到签订协议，FLC 在扩散过程中的主要工作流程如图 4-5 所示。从图中可以看出，FLC 作为技术创新扩散的中介，全程参与了新技术的转移工作。当然，不是所有的新技术都需要 FLC 做这些工作，有的新技术可能只需要 FLC 提供技术转移的相关信息即可。FLC 作为服务中介，为技术的供给方和需求方提供了技术转让信息和经验的交流场所，如一个企业（当然也可以是大学、州或者地方政府）需要购买新技术，可以从 FCL 获得信息咨询服务，还可获得一些相关的技术转让服务，如获得技术转让的法律和政策等相关问题的服务。FCL 可以代表企业与联邦实验室初步洽谈，并进一步促成双方深度谈判；可以评估企业是否需要支持技术转让的其他服务，并为之提供；可以协调技术及商业资源，并最终促成企业与联邦实验室的合作，直至双方签订技术许可协议；可以促进联邦实验室研发部门与技术应用部门的交流与合作、提供技术转让的相关培训。

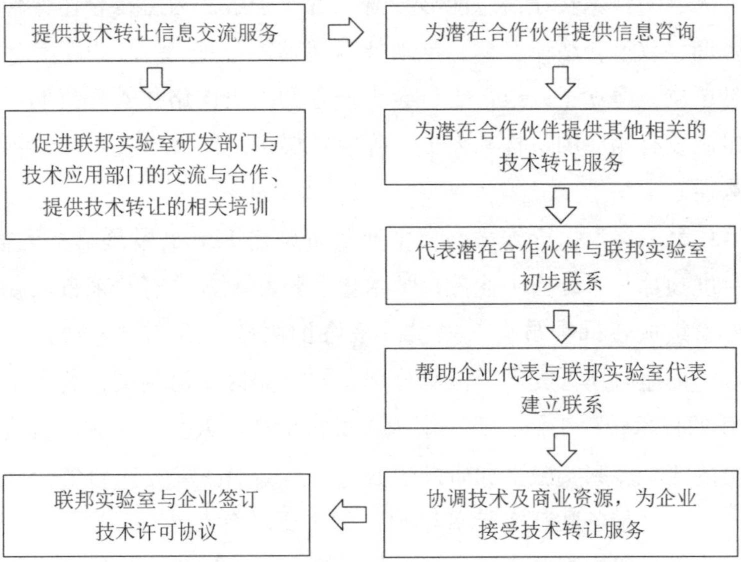

图 4-5　FLC 在新技术扩散中的工作流程

（3）FLC 的具体技术扩散模式

FLC 一般采取以下几种模式来实现技术转移，促进新技术从联邦实验室向市场的扩散：

一是合作研发。合作研发指的是联邦实验室和非联邦实验室在各领域进行合作研究与开发的协议。一般来说，一家联邦实验室可以与一家或多家合作方签署联合研发项目协议，建立研发合作关系。根据授权 CRADAs（Cooperative Research and Development Agreements）的法令，联邦实验室可以为联合研发工作提供人员、服务、设施和设备，但不可以提供资金。除人员、服务、设施和设备外，非联邦实验室可以为联合研发工作提供资金。合作关系的建立有助于合作双方优势互补，使资源得到充分利用，提升双方的研发能力，对有前景的新技术进行开发并推动新技术的商业化。目前，CRADAs 是联邦实验室技术扩散的主要模式，通过这一模式扩散的新技术大约占联邦实验室技术转移的 1/3。

二是技术许可。技术许可也是联邦实验室技术扩散的重要模式之一，联邦实验室向被许可方授予专利使用权，并收取一定的许可费。联邦实验室的许可有两种类型，一种是发明许可，另一种是其他知识产权许可。发明许可是联邦实验室将自己的技术发明和科技成果授权企业或其他机构使用，从而收取一定的费用。其他知识产权许可包括商标许可、商品外观和包装许可、工业品外观设计许可、版权许可、软件许可、宣传许可等。

三是其他技术转移机制。当上述两种方式都不适用时，联邦实验室还有其他多种技术转移模式可以促进创新技术的扩散。可以根据某一联邦实验室的工作重点、需求和任务，或者为支持某项新技术专门设计技术转移模式。如在会议、研讨会或海报会议上发布演示的技术出版物和报告，在经济和科技媒体上公开创建并使用的用户设施。

（4）FLC 技术扩散的典型案例

前面已经对联邦实验室的技术转移模式进行了分析，在 FLC 的技术扩散模式中，CRADAs 是最常见的模式，这里列举一个典型的案例。埃隆·马斯克建立的 SpaceX 公司与 NASA 下属的喷气推进实验室（JPL）、美国空军下属的空间与导弹研究中心（SMC）等顶尖科研机构都签订了合作协议，将来自国家实验室的成熟科研成果和专利应用于自家生产的火箭产品，从而大幅降低了企业的研发成本，使其发射价格在国际市场上具有很强的竞争力。SpaceX“猎鹰 9 号”火箭的研发费用仅 3 亿多美元，单次发射价格 6200 万美元。SpaceX 公司与联邦实验室的有效合作不仅发展了美国的航空航天技术，还大大降低了火箭发射的成本，成为 FLC 技术扩散成功的经典案例。

4.2.3　美国国家技术转移中心（NTTC）的技术扩散模式

美国国家技术转移中心（National Technology Transfer Center，NTTC）是国家级非营利性的独立机构，1989 年经美国国会批准成立，其任务是将联邦实验室和大学等的研究成果迅速推向市场，使新技术迅速转化为生产力。NTTC 的服务范围涵盖美国产、官、学、研各界，成为美国联邦实验室和大学向企业提供技术转移服务的重要机构。

（1）NTTC 的组织结构

NTTC 主要由联邦实验室研究机构、大学研究机构、企业、专家网络及六个区域技术转移中心组成。六个区域技术转移中心分别是南部技术应用中心（STAC）、中部技术转让中心（MCTTC）、东北部技术商品化中心（CTC）、大西洋技术应用中心（MTAC）、中西部大湖工业技术中心（GLITEC）和西部区域技术转移中心（FWRTTC）。

NTTC 和六个区域技术转移中心是合作关系，NTTC 可以与全美 700 多家联邦实验室和大学，以及 10 多万名研究人员进行联系，可以提供服务给有技术转移需求的企业，还可以利用专家网络为客户提供技术评估服务和商业化战略指导，举办技术转移相关主题的培训服务，推广联邦实验室和大学等研究机构的研究成果，促进科技成果转化。

（2）美国国家技术转移中心（NTTC）的运作模式

图 4-6 为 NTTC 的运作模式，图中实线表示 NTTC 的主要任务，虚线表示 NTTC 利用自己的关系为企业提供信息及相关的协助服务。可以看出，企业与研究机构建立联系有两种情况：一种如图 4-6 中的实线所示，NTTC 从联邦实验室和大学的研究机构获取技术信息，并通过六个区域技术转移中心的网络寻找企业，建立研究机构与企业之间的联系，使双方达成合作意向；另一种情况如图 4-6 中的虚线所示，NTTC 还提供一种非常重要的被称之为“全国通”的技术转移咨询活动，有技术需求的企业只要将所需要的技术内容告知 NTTC 代理人，代理人查询数据库，并联系该项技术研究的实验室，通过 NTTC 代理人取得联系的双方可以协商洽谈，并最终签订技术转移协议，使研究成果转移应用到企业中。

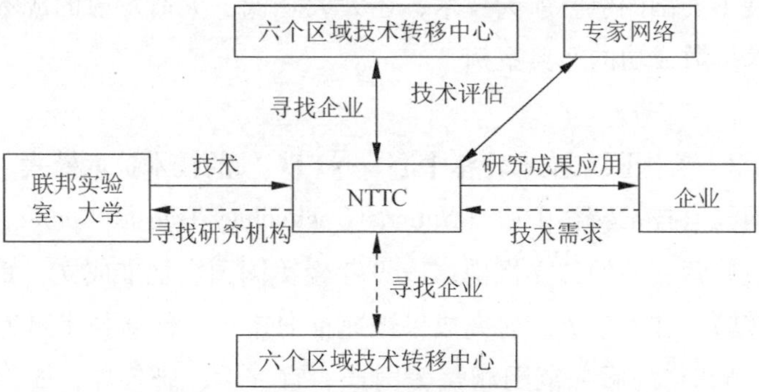

图 4-6　NTTC 运行模式①

① 柳卸林，何郁冰，胡坤．中外技术转移模式的比较［M］．北京：科学出版社，2012.

在上述两种情况中，中心的专家会参与技术评估工作，中心会根据所提供的服务不同，收取不同的费用。NTTC 在技术转移中，不仅提供了信息交换的平台，而且充当了“介绍人”和“担保人”的角色。NTTC 作为专业的技术与市场评估组织，最为突出的是其技术评估能力，能够为联邦实验室、大学和企业提供技术扫描、技术匹配、技术预测、市场研究、合作伙伴选择等方面的服务。

此外，NTTC 作为一个国家级技术转移中心，是连接技术供给方与技术需求方的桥梁，为供需双方提供双向，甚至多向的技术信息服务，实时监控全美网络范围内的技术转移活动。

综上所述，本章对美国大学和联邦实验室的技术从研究机构扩散到市场的过程进行了介绍，对大学中最具代表性的 OTL 技术扩散模式、联邦实验室技术转移联盟（FLC）的运作模式，以及美国国家技术转移中心（NTTC）的技术扩散模式做了较为完整地介绍，基本涵盖了美国最具代表性的技术创新扩散模式。

4.3　中国的技术创新扩散模式

在中国，随着技术创新的发展，技术创新扩散也越来越受到各级政府和机构的重视，能发挥技术创新扩散作用的机构越来越多，形成了具有中国特色的技术扩散模式。我国技术创新扩散模式大致分为三类：一是高校科研单位自设的技术转移中心模式，二是政府支持引导成立的技术转移机构模式，三是市场化开展业务的技术转移机构模式。

就目前来说，研究型大学和地方政府共建研究院、校企共建创新平台、科技企业孵化器、技术转移行业机构、研究机构和高等学校内部的技术转移办公室，在创新技术的扩散中发挥着重要的作用，通常成为连接企业、研究机构和大学的重要纽带。这里主要分析我国大学和科研院所的技术创新扩散模式。

4.3.1　中国大学的技术创新扩散模式

在中国，大学在技术创新中占有重要的地位。大学的技术创新扩散一般通过设立技术转移办公室、创办科技企业，或者与企业、中介机构、金融组织等联合的方式推动新技术的扩散。具体来说，大学主要的技术创新扩散模式可以归结为以下几种：

（1）建立大学技术转移中心

华东理工大学于1998年10月25日成立了我国第一家大学技术转移中心，该中心依托华东理工大学，主要吸纳化工、医药、冶金、生物等领域的技术成果，中心可以对这些技术成果做进一步的研究，也可以作为科技中介机构负责与企业对接，推广新技术，将新技术转让给有需求的企业。2001年9月，我国首批6所大学的技术转移中心获批成为国家技术转移中心，分别是清华大学、上海交通大学、西安交通大学、华东理工大学、华中科技大学、四川大学。到目前为止，我国很多研究型大学都已经成立了技术转移中心，在技术创新扩散中发挥着重要的推动作用。

如图4-7所示，图中①表示第一种类型的大学技术转移中心，即技术转移中心仅作为中介服务机构；②表示第二种类型的大学技术转移中心，即校企共建的技术转移中心。第一种技术转移中心的运作模式是对有技术需求的企业提供科技中介服务，包括技术开发、技术转让、技术咨询和技术服务等，企业在取得新技术使用许可后，就可以对新技术进行商业化推广。第二种类型是校企共建的技术转移中心的运作模式，是由大学派出科研团队，由企业提供资金和其他一些辅助条件，建设研发中心或者重点实验室，根据企业的市场需求研发新的技术，相当于将技术创新从大学转移到了企业（这些研发中心或者重点实验室往往建在企业内部），这样对根据企业市场需求研发的新技术进行商业化推广也更容易取得成功。

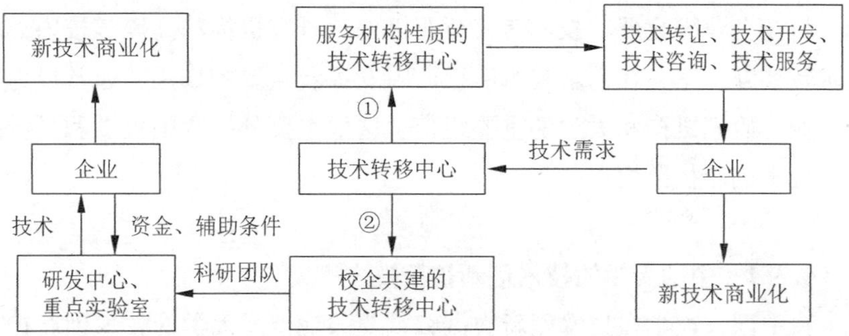

图4-7　中国大学技术转移中心的运行机制

（2）高校科研人员创办企业

这种模式指的是新技术的研发者自己创办企业，将新技术应用在企业中，通过成立公司将新技术转化为现实的生产力。高校的技术转移中心在这一过程中也发挥了一定的作用，主要是为新企业进行风险评估，提供融资服务等。对于新公司，高校一般原则上不控股，但可以通过技术入股公司。创办公司的研发者一般为高校的教师，主要从事行业顶尖技术的研发和转移，这种模式需要教师将大量的精力投入公司的运营和管理中，教师本职工作的履行会受到影响。而在我国创办这种高科技公司的高校教师中，停薪留职的人员较少，一方面由于精力有限，另一方面由于研发人员的经营能力有限，商业概念较差，所以从长远来看，这种模式还有待完善。

（3）大学科技园孵化器模式

大学科技园是以大学群或研究型大学为依托，将大学的优势资源，如技术、人才、图书资料、实验设备、信息等与其他社会资源优势相结合，推动社会的技术创新、促进知识的生产、孵化高新技术企业，推进科技成果转化，培养复合型创业创新人才，以促进区域经济发展的社会、经济组织。大学科技园是国家创新体系的重要组成部分，肩负着技术转移的重要职责，是技术创新扩散的主要推动者之一。

大学科技园主要有四个方面的功能：研发创新技术、孵化高新技术企业、培养创新创业人才、促进产学研合作。在这四项功能中，高新技术企业孵化器功能是大学科技园最核心的功能。以一项应用技术为例，大学科技园的孵化器功能主要体现在，从这项技术的研究开始，到小试、中试、产品化，这些过程都是在大学科技园中进行的，至于技术的进一步扩散，即新技术的产业化，则由高新技术企业来实现，这不是大学科技园的职责所在。由此可见，大学科技园作为技术创新的扩散中介，只负责技术产业化之前的工作。

大学科技园的技术扩散模式是高校开展科学研究服务经济发展的一种较好的模式，可以有效地推动高校的科技、人才、信息等资源与产业结合，将先进的生产技术更好地向企业转移，提升新技术的扩散效率。

4.3.2 科研院所的技术创新扩散模式

（1）科研院所的定位

我国科研院所是国家创新体系的重要组成部分，主要围绕国家和地方的社会经济发展目标开展具有基础性、前瞻性、战略性的研究活动。通常情况下，央属科研院所更偏重于基础研究，地方科研院所更偏重于应用研究。我国的科研院所分为三类：一是国务院直属的科研院所，包括中国科学院（简称“中科院”）和中国社会科学院两大科研系统中的各类研究所和研究中心，是国家根据社会的发展需求设立的，属于国家智库；二是各部委直属的科研院所，主要为各部委和所属行业提供科研成果，同时为各行业培养研究型人才，如国家地震局的地球物理研究所、财政部的财政科学研究院等；三是各省市直属的研究机构，这些研究机构的规模虽然小一些，但研究方向更灵活，更具有针对性和地域性。

（2）中科院的技术扩散运行机制

在我国科研院所体系中，中科院在科研中起着重要的作用。中科院是我国自然科学界的最高学术机构、科学技术最高咨询机构、自然科学与高技术综合研究发展中心。目前，中科院在全国设有 12 个分院，100 多家科研所、3 所大学、130 多家国家级重点实验室和工程中心。① 中科院作为国家科研的中坚力量，应用技术的科研成果丰硕，同时，对于这些新技术的扩散也形成了完善的体系和具有自身特色的技术扩散模式。

基于技术转移的需要，中科院加强院地合作，与院外研究组织、生产企业建立多层次、全方位的联合合作，建立了畅通的渠道，实现了科技成果的有效转化。把地方科技需求与研究院的科研活动相连接，使科研与区域社会经济发展相适应，确立了院地合作东、中、西部三大板块的战略布局。

图 4-8 为中科院技术转移运行机制图，图中“国科控股”为中科院控股有限公司，是经国务院批准设立的首家中央级事业单位经营性国有资产管理公司。2002 年 4 月 12 日，国科控股作为国有独资有限责任公司完成工商登记，代表中国科学院对院属、院参股或控股企业行使出资人权利，并承担相应的保值增值责任。

---

① 中国科学院网站，http：//www.cas.cn/zz/yk/201410/t20141016_4225142.shtml.

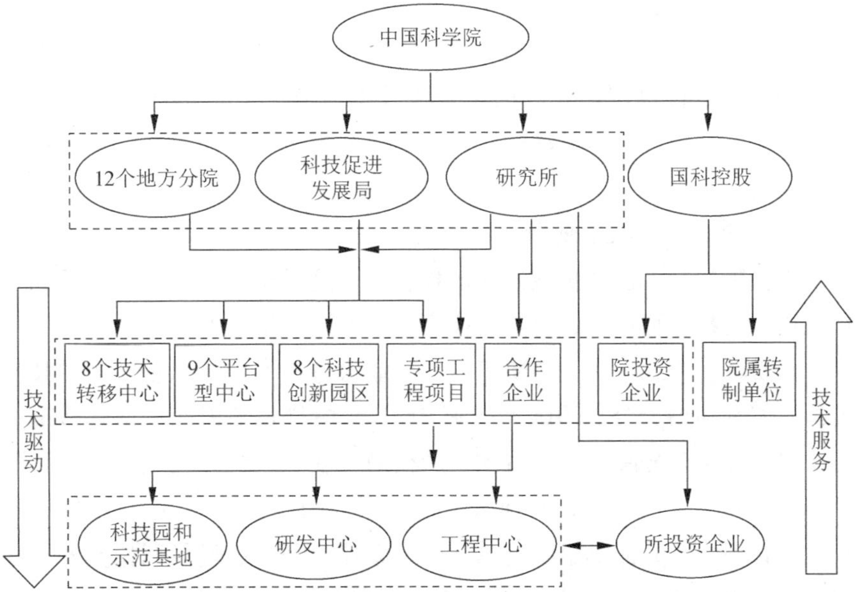

图 4-8　中科院技术转移运行机制①

如图 4-8 所示，中科院的技术转移体系可以分三个层面来概述：第一个层面的工作是在中科院的领导下，主要由 12 个地方分院、科技促进发展局、研究所三方承担。12 个地方分院通过组织协调各研究所开展院地合作和技术转移工作，促进区域经济发展；科技促进发展局作为中科院的一个机构，其主要任务就是进行知识产权管理，组织实施科技成果转移转化专项行动；从研究所层面来说，各研究所都有专门负责技术转移的职能部门，通过多种方式开展技术转移工作，还通过与企业合作的方式进行技术转移。此外，国科控股虽然不直接参与技术转移，但它所控股的中科院投资企业包含在技术转移体系之内。第二个层面的工作，中科院在 8 个分院设立技术转移中心，选择适合的模式进行技术转移工作；与地方合建了 9 个技术转移平台，其中以浙江嘉兴和江苏常州两个中心的成效最为显著；在一些省份建立了 8 个科技创新园，推动科技成果转化；此外，中科院还组织实施了一批科技项目计划，比如配合振兴东北老工业基地和西部大开发的一些科技专项计划，以推动技术成果的转化。第三个层面是组织开展技术转移工作，各地的科技园、科研

① 柳卸林，何郁冰，胡坤．中外技术转移模式的比较［M］．北京：科学出版社，2012.

中心或工程中心肩负着在各个地方开展技术转移工作的任务。

从中科院技术转移运行机制图（图 4-8）可以看出，作为一个系统完善的技术转移机制，一方面以提供技术服务的方式推进新技术的转移；另一方面通过技术驱动的方式，以新技术带动企业发展，促进区域经济发展。

（3）中科院的技术创新扩散模式

中科院的技术创新扩散模式多种多样，这里总结出最具代表性的三种模式：交易转移模式、合作转移模式和衍生企业模式。

交易转移模式指的是科研机构和企业通过技术交易市场实现的技术转移，如专利拍卖会。2018 年 3 月 16 日，中科院知识产权运营管理中心、中科院沈阳分院、山东省知识产权局等多家机构共同主办了中科院首场专利拍卖会（后续在其他省市还有系列拍卖活动）。中科院知识产权运营管理中心共征集了院属单位的 932 项专利，通过专利拍卖的形式向企业出售。第一场拍卖会共有 36 项专利参加拍卖，其中 28 项专利被企业拍走。① 除此之外，举办科技成果招商洽谈会、推介会等，也可以有效推动科技成果转化，促进技术创新扩散。交易转移模式的优点在于研究机构无须负责证实新技术的收益率及是否能够立即取得技术转移的回报，因此，科研机构可以将技术含量较低或转化相对比较困难的技术通过交易的方式进行转让，以加快技术创新的扩散。

合作转移模式指的是中科院研究所与其他机构合作，共同研究开发新技术以适应市场的需求，这样有利于科技成果的顺利转化。合作转移模式分为两种类型：一是企业需要某项技术，但研究机构目前无法提供该项技术，或者研究机构仅具备研发该项技术的能力，还需要企业与研究机构共同确定技术的可行性或实验的实用性，合作开发该项技术，此模式在技术开发阶段就已经实现了技术的转移；二是研究机构拥有新技术，但自身不具备推广新技术实现技术商业化的能力，于是联合企业，利用企业的相应资源实现技术转移收益。可见，合作转移模式的优点在于科研机构能充分运用自身的科研优势，而企业可以利用自身对于市场需求敏锐的感知力，并向科研机构提供资金和其他技术开发或者商业化的辅助条件，实现科研与资金、市场的有效结合，促进技术转移，缩短

---

① 中国科学院网站，http：//www. cas. cn.

技术创新扩散的周期，有利于新技术的扩散。但是，值得注意的是，合作转移模式的收益回报期相对较长，对资金、人才、技术设备等的要求也相对较高，所以一般采用技术含量高的科研项目。例如，中科院沈阳材料科学国家研究中心（简称“国家研究中心”）于 2020 年 7 月 15 日，举行了与长春轨道客车股份有限公司（简称“中车长客”）共建联合研发中心的协议签约仪式，标志着我国材料领域唯一的国家级科学研究中心与中车长客发挥双方各自的优势，联合攻关科技项目。

衍生企业模式就是科研机构的员工作为新技术的主要研发人员创办新企业，将新技术运用到企业中，或者由科研机构创办新企业，企业的核心技术来自于科研机构的技术转移。衍生企业模式的特点就是科研机构的技术转移工作贯穿了技术的研发、技术可行性的确定、实验实用性的确定、证实收益率及技术生命周期的管理等全过程。这种模式的优势在于：一是能够激发科研人员的工作积极性和主动性，利用自身开发的技术创造收益；二是科研机构可以将对新技术的控制延伸到企业的商业化运作中，并影响技术接收方企业的发展；三是对于潜在收益高的技术，科研机构可以从新技术中获得较高的收益。当然这种模式的缺点也是显而易见的，主要是收益回报期长，如果对市场把握不准，可能会造成新技术商业化推广的失败等。

4.4　技术创新扩散模式的特点

4.4.1　德国技术创新扩散模式的特点

（1）政府在技术扩散中起重要的推动作用

德国通过政府投资建立科技中心和创新中心，促进科技成果转化，政府还给予技术转移中介机构税收优惠。据悉，从成立至 1999 年史太白技术转移中心每年都能从州政府获得一定数额的资助资金。1999 年以后，技术转移中心开始市场化运作，但仍然能从政府获得大量的项目。作为非营利性技术转移机构的德国技术转移中心和弗劳恩霍夫协会，因其自身无法通过市场盈利，所以它们的运作经费有很大一部分来自政府。可见，德国政府给予了技术转移机构大量的资金和政策支持。

德国政府在技术转移中还充分发挥了保护、促进和监督的作用。通过完善法律法规保护专利技术，促进科技成果转化，通过建立技术评估体系发挥监督职能。德国专利法案颁布得较早，也较为完善，1877 年德国颁布了第一部《专利法》，现行的专利法为 1981 年颁布的《专利法》。德国还出台了一系列法律法规，鼓励和促进企业与科研机构合作，如《企业技术创新风险分担计划》《中小企业研究合作促进计划》《小型企业服务投资促进计划》《工商企业研究开发人员增长促进计划》等，这些法律法规的出台为中小企业投资科研做了良好的铺垫。此外，德国政府为鼓励高校与企业合作，多次修改《德国高校总纲法》，提高高校接受企业科研项目的积极性，并为高校与企业之间的科研合作，以及高校科技成果的转化提供人力、物力和财力支持。

（2）大型技术转移机构的运作模式各具特色

德国的技术创新扩散机制之所以完备，得益于其建立在科研基础之上的技术转移体系，除高校在技术扩散中起重要作用之外，德国大型的技术扩散机构的运作模式各不相同，各具特点。

一是市场化运作机构和非市场化运作机构并存。史太白技术转移中心是营利性机构，采取市场化的运作方式，使得技术转移中心有充足的动力来提升自身的服务水平，更好地为企业服务。德国技术转移中心属于非营利性技术转移机构，其运营资金一部分来自政府，即各州的科技基金会，另一部分来自工商协会，即各行业企业缴纳的会费。德国技术转移中心属于国家级的公共技术转移服务机构，规模庞大，在全国设有多个分中心，呈网络式分布，这种模式方便为各个州的企业提供技术转移服务。作为全国性的技术转移中介机构，德国技术转移中心致力于为更多的客户提供技术中介服务。弗劳恩霍夫协会作为应用性科研机构，通过与高校合作，建立研究所和研究团队，再通过与企业合作，开展研究并转化自身的科研成果，或者直接向企业推广自己的科技成果。弗劳恩霍夫协会属于集技术创新与技术转移于一体的机构，与德国技术转移中心提供的服务不同，中心提供的服务重在广度，协会提供的服务重在深度。

二是科技服务中介机构与研究型科研机构共同承担技术扩散的职责。德国技术转移中心和史太白技术转移中心都属于科技服务中介机构，弗劳恩霍夫协会属于科研机构。其中，史太白技术转移中心是德国最大的完全市场化运作的技术转移机构，除了从事科技成果的转化与推广之外，还承担着联系科研机构与企业的职责及一些其他职责。从其所从事的业务中可以看出，史太白技术转移中心的服务内容包括科技中介机构的常规业务，即技术咨询、技术转移服务；作为沟通桥梁，它将企业客户的需求委托给科研机构；除此之外，它还从事新技术的研究开发、人才培训和企业运营。可以说，在业务上史太白技术转移中心虽然属于技术转移中介机构，但它比德国技术转移中心所从事的业务范围更加广泛。

德国有很多科研机构，除了各个大学和高等技术学院外，知名的科研机构还有马克斯·普朗克协会、弗劳恩霍夫协会、亥姆霍兹协会、莱布尼茨协会等。德国的科研机构绝大多数都设有技术转移部门，在从事科学研究的同时，还承担着技术转移的职责，积极推进自身科技成果转化。弗劳恩霍夫应用研究促进会作为德国乃至欧洲最大的科研机构，在科学研究中发挥着重要作用。

(3) 技术转移机构与中小企业合作密切

德国中小企业在经济发展中占有主导地位，其中一个很重要的原因就是德国中小企业注重创新。在德国，技术创新是企业经营的重点，大型企业一般都设有自己的研发中心，中小企业除自己研发外，还会从外部获取技术，很多中小企业长期与技术转移机构合作，能够持续不断地获得新技术。

德国技术转移中心作为全国性的技术转移中介机构，通过其网络型的分支机构，为全国中小企业免费提供技术中介服务。史太白技术转移中心通过有偿的方式为中小企业提供更为深入的技术转移服务；弗劳恩霍夫协会作为欧洲最大的应用型科研机构，与中小企业的合作更为密切；德国很多高校都设立了专门负责技术转移的市场部门，其服务的重点对象也是中小企业，此外德国还有众多国家管理的和民间的科研机构。

为了更好地提升科研水平，德国一些科研机构会与高校合作。专注于应用技术研究领域的弗劳恩霍夫协会的研究人员不仅直接参与大学的教学活动，同时也吸收学生参与科研项目。弗劳恩霍夫协会通过和大学联合研发项目，有效地培养了创新人才。在合作的过程中，高校负责对学生进行基础教育培训，协会负责提供实践指导，学生在弗劳恩霍夫协会工作，边实践边完成学业。这种人才培养模式能更好地满足中小企业对科研人才的需求，也使得协会能更顺利长久地与中小企业开展合作。

4.4.2 美国技术创新扩散模式的特点

综合 4.2 所述，可以看出经过 100 多年的发展和完善，美国已经建立了适合技术扩散的体系，形成了适合美国社会的技术扩散模式，该模式归纳起来主要有以下特点：

（1）技术创新扩散模式建立在完善的专利法案基础上

1980 年《拜杜法案》颁布之前，美国技术创新成果几乎都归政府所有，大量的专利排列于专利局中，没有得到转化。主要是由于这一时期美国的科研经费绝大多数来自政府，由政府出资、科研人员研发新技术，技术研发成功后申请专利，这样专利自然归政府所有。科研机构没有推动技术转移工作的动力，只是在完成一项新技术的创新之后，继续进行下一项技术的研发。截至 1980 年，联邦政府共拥有 2.8 万项专利，而扩散到市场实现商业化转移的专利仅占 5%。

《拜杜法案》颁布之后，允许大学、非营利机构和小型企业为由联邦政府资助的科研成果申请专利，拥有知识产权，并通过技术转让实现商业化，由此科技成果的商业化转移得到了迅速发展。科研人员可以通过创立新公司或者被聘请为顾问，参与技术转移的后续工作。由于企业与市场联系紧密，科研人员的技术创新必然结合了市场需求，这有利于新技术的顺利转化。《拜杜法案》之后，美国的高校逐步建立了成熟的技术转移体制，斯坦福大学创立的技术许可办公室（OTL）在各个高校得以复制推广。1981 年，美国高校的技术许可收入约为 730 万美元；2008 年，美国高校的技术许可收入已超过 34 亿美元。在 OTL 模式下，斯坦福大学的技术转移成效明显，据报告，2013—2014 财年，斯坦福大学共获得 655 项发明技术的许可收入，总计约 1.1 亿美元，其中 40 件发明带来的收益超过 10 万美元，40 件发明中的 6 件发明带来的收益超过 100 万美元。①

（2）扩散模式具有很强的商业取向性，联邦政府适度参与

美国工业界对新技术的需求最为强烈，美国的公司是技术扩散的主

---

① 孙芸．美国大学技术转移的标准模式：“技术许可办公室”［N］．中国科学报，2019-1-11.

要对象。如由联邦政府归口管理的实验室，在接受政府委托的研究项目后，可能外包给公司，这一举措可以理解为有意将研究引入企业。美国政府不直接支持私营公司的研究和创新活动，是因为美国没有主管研究和技术的政府部门，政府主要是通过税收和政府采购的方式来支持企业的创新活动。美国政府很少参与技术转移机构的运营，政府主要通过法律和政策的支持来鼓励技术扩散活动，如《拜杜法案》颁布的目的就是通过激励研究人员，促使科技成果由实验室向企业转移，实现新技术的扩散。

政府对技术转移唯一直接支持的形式体现在由国家科学基金会拨款给产学研合作领域的试点项目（如工程研究中心 Engineering Research Center，ERC），帮助公司应用国家实验室转移的技术制造业合作伙伴关系计划（Manufacturing Extension Partnership，MEP）。MEP 计划是美国联邦政府为提升核心制造业企业的竞争力而实施的一项国家计划，该计划在 1998 年被正式命名，由商务部下属的国家标准技术研究院建立区域性中小企业技术服务与转移中心，与政府、行业组织、大学和企业等协作。目前，MEP 计划已经在全美各州设立地方服务中心，合作网络遍布美国。中心运营的经费来自联邦政府、州政府和其他私人资金，而且联邦政府对 MEP 计划的资助金额一直呈上升趋势，近年来稳定在每年 1.3 亿美元左右。迄今为止，MEP 计划服务了超过 12 万家美国制造业企业，销售收入超过 1000 亿美元。

（3）技术转移机构组织设置严谨，工作流程高效

美国的技术扩散之所以成功，和其技术转移机构严谨的组织机构设置是分不开的，在严谨的组织机构设置下，工作流程顺畅，技术扩散的效率较高。技术转移办公室负责执行层面的工作，如大学的技术转移中心全权负责大学科技成果的专利申请和技术转移工作，专任教师可以专心搞科研，不受技术转移的困扰。以斯坦福大学技术转移办公室为例，各组织机构的分工明确，确保了工作的高效性。首先，办公室的上级领导是学校副教务长，办公室设有主任一名，负责制定技术转移政策，同时根据内外部环境的变化制订发展计划，负责整个办公室的管理；其次，技术转移办公室内有专业授权人员若干名，高级专业授权人员各配备一名助手，组成工作小组，负责专利和许可工作，他们是技术转移办

公室的核心员工。

大学技术转移办公室的工作流程明确具体，从图 4-4 OTL 的技术扩散流程图可以看出，每一步工作的完成质量都直接影响下一步工作能否顺利进行，如不能对新技术进行合理地评估，就难以抉择是否需要进行下一步的工作——申请专利，并且如果评估结果过高地估计了新技术的市场前景，新技术寻求市场的环节也会受到影响。只有流程图中的每一步工作都顺利完成，才能最终完成一项新技术从研发者向企业界的扩散。

（4）专业的人员和明确的分工是技术扩散模式得以成功的保障

美国大学的技术转移办公室、联邦实验室技术转移联盟及美国国家技术转移中心的工作人员都拥有合理的知识结构，尤其是专业授权人员不仅拥有深厚的专业技术知识，而且经验丰富。如麻省理工学院（Massachusetts Institute of Technology，MIT）的技术转移办公室要求专业授权人员必须具备专业知识背景，因为发明主要集中在生命科学领域和物理学领域，所以要求专业授权人员必须具备生命科学和物理学方面的知识，同时还需要具备法律、经济和管理方面的知识。除专业知识外，对工作经验也有要求，一般来说，专业授权人员要求有 4 年以上的相关工作经验，高级专业授权人员一般不低于 11 年，或者具有两年以上技术转移相关工作经验。MIT 技术许可办公室目前有 50 多名工作人员，其中包括主任、副主任、主任助理、技术授权官、副技术授权官与办公室行政职员等①，各类人员分工明确、各司其职。

以联邦实验室技术转移联盟（Federal Laboratories Consortium，FLC）为例，在 FLC 的三级管理机制中，每一级别都有明确的任务，第一层面的执行委员会负责年度预算，确定 FLC 的发展方向和目标，第二层面六个区域的技术转移中心由每个区域的协调员负责本区域的技术转移工作，第三个层面来自各个联邦实验室的代表，是联系联邦实验室和 FCL 的中间人。正是由于各层机构职责清晰，分工明确，才使得 FCL 高效运转，成为实现技术转移，促进技术扩散的重要机构。

（5）激励和创新制度是技术扩散模式得以持续的另一保障

为了更好地推动技术转移工作，美国政府还实行了一系列的激励政

① 麻省理工学院技术转移办公室网站，https：//tlo. mit. edu/engage-tlo/our-team.

策和创新制度。美国政府在 CRADAs 之外，为了促进技术转移，又推出新的合作开发模式，如美国农业部研究中心的信息基金和补偿合作协议等。美国科研机构还积极开展国际合作开发，促进技术转移。2018 年 7 月 17 日，中国农业科学院农田灌溉所与美国农业部研究组织（United States Department of Agriculture Agricultural Research Service，USDA-ARS）签署双边合作框架协议，合作开展利用无人机遥感进行农作物生物和非生物性状的图像感知技术开发和评价。

大学可以通过不同的方式进行技术转移，如大学可以用专利技术进行投资，通过知识产权获得股东收益；对于缺乏创业资金的企业，也可以对创业公司直接进行资金投入，获得股权收益。

此外，美国政府针对技术转移实行的一些制度，在一定程度上起到了促进技术扩散的作用。美国政府要求各个机构加强科研统计，以提高科研机构的综合管理水平，间接促进了科研机构科研效率和技术转移效率的提升。美国拥有完善的技术转移评估体系，该体系分为三层：国会科技评估机构、州政府科技评估机构、高校和研究所科技评估机构。如此完善的评估机构对技术转移的评审自然非常严格，这能在很大程度上促进技术转移机构的工作改进，促进新技术的扩散。

4.4.3　中国技术创新扩散模式的特点

随着技术创新的日益活跃，我国技术创新扩散也形成了一套体系，但相对于德国和美国等西方发达国家来说，我国的技术创新体系及技术创新扩散体系还存在一些问题，导致现有的技术创新扩散模式不能充分发挥作用。总的来说，我国技术创新扩散模式主要具有以下特点：

（1）技术扩散模式基本完备，科技成果转化的法律体系仍需要完善

我国的技术扩散模式较为完备，三类技术转移机构的技术扩散模式各有特点。高校科研单位自设的技术转移中心的优势在于具有学校品牌效应，与企业进行技术转移洽谈时相对比较容易；科技成果比其他机构更为丰富，企业客户比较容易找到适合的技术。政府支持引导成立的技术转移机构更具权威性和公信力，有助于技术扩散业务的开展。市场化的技术转移机构机制更为灵活，服务意识较强，可以深入技术转移的各个环节，并且可以开展全国的业务，不受地域的限制。

尽管我国科技成果转移方面的立法已经形成了一定的体系，但仍有许多缺陷。如产、学、研合作方由于隶属于不同的部门，需要一套法律来约束各方在合作过程中的行为，规范和协调协作关系。我国的技术转移法律体系看似完善，但内容庞杂，专门针对技术转移的立法相对欠缺。我国的技术转移法律体系是以合同法为核心和基础的，以知识产权的相关法律规定为前提，以《对外贸易法》《环境保护法》《中外合资合作企业法》的规范为体现，涉及《反垄断法》《反不正当竞争法》《企业所得税法》《促进科技成果转化法》等的相关规定，形成了诸多法规相互补充，又相对独立的体系。这一法律体系虽然比较完善，但由于涉及的法律较多，内容庞杂，相互之间缺乏协调性。因此，只有进一步健全科技成果转化立法体系，才能在法制化的环境中，更顺利地推进科技成果转化，促进创新技术的扩散。

（2）技术扩散模式商业性有待加强，受政府影响较大

我国政府对于技术扩散的影响较大，中央政府和地方政府都有参与。在组织和实施技术转移的工作中，不仅中央政府各部门之间有分工，中央政府和地方政府之间也各有侧重、分工协作。不可否认，政府的介入在很大程度上推动了技术转移的进程，加快了新技术的扩散，但是政府不能在技术转移工作中做到面面俱到，对于政府介入力度小的创新技术，在转移方面的周期会更长。

我国的技术扩散模式需要进一步加强市场化和商业化，科研机构需要密切把握市场的需求，尽可能根据市场需求研发新技术。如我国高校技术创新与社会生产之间存在一定差距，高校科技成果转化率一直比较低，大概只有10%，远低于发达国家40%的水平。因此提升高校的科技成果转化率，成为社会科技发展和科技创业亟待解决的问题。[①] 对于高校科技人员创办企业，进行科研成果转化的问题，不能说是一种非常成功的模式，毕竟科研人员的科研能力强不意味着他们能灵敏捕捉市场需求，他们也不一定能胜任企业的经营管理，而且我国高校教师停薪留职创办企业的做法并不普遍。大多数教师是利用课余时间兼职经营企业，这种做法既影响教师履行高校内的本职工作，又不能让他们将精力全部

① 汤鹏翔．资本对高校科技成果转化的投资积极性不高［EB/OL］．http：//finance.sina.com.cn/roll/2019-06-18/doc-ihxvckxk0489166.shtml.

用于企业的经营。

(3) 科研部门的管理机制不利于技术扩散模式发挥应有的效率

我国现行的科研部门管理制度，对科研机构的技术转移工作有着不利的影响，如高校的科研管理制度基本秉承计划经济时的体系，分四步走：一是科研立项，二是政府财政拨款，三是课题研究，四是项目结项。项目结项基本只以论文和专利的数量和质量作为评价标准，并不特别注重成果的实用性，导致研发成果的市场适用性差，很多成果难以转化为生产力。很多科研项目虽然从性质上属于应用型项目，但由于研究过程中不注重市场调研，单纯注重论文的发表、专利的申报和能否顺利结项——这些都与职称评审相关，而科技成果是否具有应用性、是否能转化为生产力，对科研人员来说并无太多的利益相关性——所以形成了科研项目数量多、科研成果丰富，但很少能真正转化为现实生产力的现象。

此外，有些研究机构在与其他单位合作开发的过程中，并不注重科研成果的应用性。在院地合作中，有部分科研机构并不是真正想通过合作进行技术创新，实现科技成果的转化，而是把获取科研经费作为直接目的。有的科研机构忽视工程化研究和技术转化研究，因为一项技术转化为成果，需要投入相当多的配套设施。

(4) 技术转移专业人员的缺乏是技术创新扩散模式不能充分发挥作用的重要原因

专业的科研人员只能研发出可供转化的技术，技术转移专业人员才是直接影响技术转移效率的重要因素。从关于美国技术转移模式特点的论述中可以看到，美国的一些技术转移机构拥有专业化的技术转移人才，这些人才对于技术转移中心工作的开展有直接影响。我国目前尚缺乏技术转移专业人才，这也是导致技术转移机构工作效率不高的重要原因。

2020 年 3 月 26 日，科技部印发了《国家技术转移专业人员能力等级培训大纲（试行）》（简称“《大纲》”）。《大纲》依据分级管理、分层培训的原则，分别设置了初级、中级技术经纪人及高级技术经理人三个等级的培训课程，不同层级的培训课程和培训学时有区别。参加培训的人员可以从培训中学习到技术转移的法律法规、经纪实务、公共知识和实操案例等。《大纲》的颁布和实施对于规范和提升我国从事技术转移工作的人员的素质具有重要的意义。

4.5 我国技术创新扩散模式改进

通过德国与美国的技术扩散模式可以看出，发达国家的技术扩散模式建立较早，相对比较成熟，其扩散模式之所以成功，在很大程度上是因为适应了本国的国情。我国技术扩散模式建立时间较短，还在不断完善之中。我们需要立足本国，不断完善有中国特色的技术创新扩散模式，具体来说，可以着重从以下几个方面来改进：

4.5.1 加强技术转移的法律法规建设

技术转移法律法规是保障技术扩散的基础，只有法律体系更加完善才能保障技术扩散的效率。从前面的论述可知，我国技术转移的法律体系尽管已经相对完善，但其构成庞杂，缺少技术转移方面的专门法律。美国的技术转移法律体系主要由五个方面的法律构成：一是界定知识产权归属的法律，即1980年颁布的《拜杜法案》，也叫《专利和商标法修正案》；二是推进技术转移的法律，即1980年通过的《史蒂文森·威德勒技术创新法》，这是第一部定义和促进技术转移的法律；三是促进小企业技术创新的法律，即1982年通过的《小企业技术创新进步法》；四是加强国际合作的法律，即1984年通过的《国家合作研究法》，为国家之间的技术扩散提供了法律依据；五是保护国家利益的安全法律，即1996年颁布的《经济间谍法》。这五部法律形成了美国技术转移法律体系的支柱，随着时间的推移，法律也在不断地修订完善，以确保法律条文适应社会的发展。

因此，我国需要加强专门针对技术转移法律的立法建设，加强不同行业法律之间的协调性建设。只有随着社会的进步、技术创新的发展，不断完善现有法律体系，才能为健全技术创新扩散模式提供良好的法律环境。

4.5.2 整合高校技术创新扩散模式，加强高校技术转移的力度

整合高校技术创新扩散的模式，首先要从根本上改变高校的科研管

理体制，改变科研项目的评价机制，对于应用型科研项目的评价不能仅以论文和专利数量作为结项的依据。如可以将对于科研成果实用性的分析和评价作为依据，如果成果涉及新的应用型技术，则可以将技术的可行性和可转化性作为一项评价标准。高校要鼓励开展校企合作项目，对于应用性强、技术前沿的研究项目，可以适当加大其在教师业绩考核中所占的比重。

目前，我国科研人员创办公司已经成为高校技术扩散的一种主要模式。对于这一模式政府从政策上予以大力支持，支持和鼓励事业单位科研人员兼职创新、在职科研人员创办企业及参与项目合作。同时强调，事业单位要加强监督管理，在"双创"活动中赋予科研人员职务科技成果所有权或长期使用权，同时要健全事业单位内部人事管理制度，不得擅自扩大离岗创办企业政策实施范围，杜绝不符合条件的人员违规"搭便车"，出现新的"吃空饷"问题。

由此可见，我国的政策非常明确，大力支持技术创新扩散，但有些方面还应再予以规范。如对于高校教师创办公司的行为，在鼓励的同时也应适当约束，尽量避免在职教师创办公司，避免教师同时承担公司和学校的工作。可以规定教师创办公司时需办理停薪留职，如果想回学校任职，可以在退出公司的经营管理之后回归原来职位。这样可以保证有经营能力的教师将全部精力投入公司的运营，从而有利于技术转移工作的顺利推进，促进新技术的扩散。

此外，应加大有些高校技术扩散模式的推广力度。如产学研合作就是一条非常有效的技术转移渠道，在鼓励教师创办公司的同时，加大产学研合作方面的技术转移，可以更大程度地提升高校技术转移率。

4.5.3　加强产学研合作技术扩散模式的建设

产学研合作是技术扩散的重要模式，指企业、科研院所和高等学校之间进行合作研发。这种模式可以充分利用各方的资源优势，将科研单位的技术、科研水平、实验室设备等优势与企业的资金、场地、市场等优势有效结合，实现新技术研发与转移同步进行。

产学研合作的三类主体在合作中所起的作用各不相同，企业是技术转移的接收方，承担着对技术进行商业化运作、将新技术转化为现实生产力的任务；高校和科研院所是技术的输出者，承担着研发新技术的任务。在产学研合作的过程中，政府扮演统筹协调的角色，原因在于科研院所与企业所追求的目标不一致，难免会出现矛盾，需要政府出面协调。对于基础研究、公共事业、高新技术、国防和军事等方面的新技术，政府还会给予一定的优惠政策，以促进产学研合作的开展。

在推进产学研合作的同时，供给方和需求方要根据双方的技术领域选择合适的产学研合作模式。如果双方合作的技术是为解决科技、经济发展过程中的重大问题或关键性问题的，则选用政府主导型的产学研合作模式。这种合作由政府主导，国家提供财政资金支持。如果某一项技术是企业所需要的，科研院所或者高校暂时还没有开发出该项技术，仅具备研发该项技术的人员，那么联合攻关模式就成为首要选择。联合攻关能够充分发挥产学研各方的优势，充分利用各方的资源，尽快研发出新技术，而且新技术的研发和技术转移是同步进行的。此外，还有多种形式的产学研合作模式可供选择，如共建研究基地、组建研发实体、人才联合和交流等。

4.5.4 把握市场走向，使应用研究更适应市场需求

能够进行转化的技术都是应用性较强的，能够满足市场需求的，具有一定商业化前景的技术。事实上，我国很多科研机构在科研过程中，对市场需求的把握并不准确，使科技成果不具有可转化性，这也是我国技术转让率低于发达国家的重要原因。只有在高校或科研院所提供的科研成果能更好地满足市场需求的情况下，才能真正调动企业的兴趣，为实现技术转移创造条件。

除了对市场进行有效的把握之外，加强基础研究是研发出能够适应市场需求的新技术的基础和保障。发达国家的科研机构都十分注重基础研究。不可否认，基础研究只是为应用研究做准备，但并不是所有的基础研究都能为应用研究所用。作为应用研究的准备和基础，必须要充分发挥基础研究对技术创新的源头供给和引领作用，只有这样才能更好地开展应用研究工作。

第5章 <<<

我国技术创新扩散影响因素和成效的统计分析

本书第2章已经从理论上对技术创新扩散的因素进行了分析。本章将从技术扩散的宏观角度入手，以具体数据为依托，对我国技术创新扩散的影响因素和扩散成效进行分析。技术创新扩散的宏观分析与微观分析有很大区别。微观技术创新扩散主要是从具体的生产技术角度，研究一项新技术从产生到进入市场被采纳者接受的过程，有两种形态：一是组织之间的扩散，即新技术从发明方扩散到采用方，如企业通过技术转让、技术引进等方式发生的技术转移；二是组织面向用户的扩散，即企业运用新技术生产出新产品，对新产品进行宣传，促进消费者购买。宏观技术创新扩散是从整个经济社会的角度出发，研究一个国家或地区的技术创新扩散的状态，运用的指标为宏观指标。本章主要从政府创新政策、扩散资源保障、扩散成效等方面研究我国技术创新扩散。

5.1 我国技术创新扩散影响因素分析

5.1.1 政策环境分析

我国政府一直高度重视科学技术的发展，多年来通过实施科技计划、财政直接投入或补贴、税收优惠、科技奖励、政府采购等方式有效推动科技进步和技术创新，并陆续制定实施了大量政策。这些政策对提升我国技术创新能力和促进技术创新扩散起到了重要作用。

(1) 政府科技政策分析

从新中国成立至今，我国从实施最初一般化的科技政策到科技创新政策，已经形成了系统化、完整化、多层次的科技创新政策体系。迄今为止，我国科技创新政策的发展大致经历了五个阶段，每个阶段的科技政策措施及特点概括如表 5-1 所示。

表 5-1　我国科技政策的演变

阶段与时期	主要政策文件	主要规划或特点	政策效果评价
第Ⅰ阶段 1949—1978 年	《1956—1967 年科学技术发展远景规划（修正草案）》《关于自然科学研究机构当前工作中的十四条意见（草案）》	科技政策较少，但有针对性；科技经费以国家财政投入为主；提出“四个现代化”（1954），“向科学进军”（1956）	初步建立起科技发展体系；具备了一定的科技发展能力
第Ⅱ阶段 1978—1992 年	《1978—1985 年全国科学技术发展规划纲要》（1978）、《关于科学技术体制改革的决定》（1985）、《国务院关于深化科技体制改革若干问题的决定》（1988）、《关于分流人才、调整结构、进一步深化科技体制改革的若干意见》（1992）	科学技术是第一生产力；经济建设必须依靠科学技术；国家星火计划:（863 计划）火炬计划；以科技促进经济建设；经济建设必须依靠科学技术，科学技术工作必须面向经济建设	科技创新能力发展有了一定的基础；确立科技促进经济发展的基本战略方针
第Ⅲ阶段 1992—2005 年	《中华人民共和国科学技术进步法》（1993）、《科技三项费用管理办法（试行）》（1996）、《关于促进企业技术进步有关财务税收问题的通知》（1996）、《重大装备国产化创新研制项目贷款贴息资金管理办法（试行）》（1997）、《应用技术研究与开发专项资金管理暂行办法》（2004）	坚持面向经济建设，加速科技成果向现实生产力转化；增强自主创新能力；初步建立社会主义市场经济体制	在某些领域具有了一定的科技实力；强调增强自主创新能力，促进科技成果转化
第Ⅳ阶段 2005—2013 年	《国家中长期科学和技术发展规划纲要（2006—2020 年）》（2006）、《关于国家科技计划管理改革的若干意见》、《关于深化科技体制改革加快国家创新体系建设的意见》（2012）	自主创新是推进经济结构调整的中心环节	科技创新能力在某些领域具有了一定的先进水平；强调进一步提高自主创新能力；开始实施创新型国家战略

续表

阶段与时期	主要政策文件	主要规划或特点	政策效果评价
第Ⅴ阶段 2013 年至今	《关于深化中央财政科技计划（专项、基金等）管理改革的方案》(2014)、《国家创新驱动发展战略纲要》(2016)、《中华人民共和国科学技术进步法》(2017 年修订)	创新驱动发展战略（2016）；深化科技体制改革	科技创新能力在某些领域具备了一定的领先水平；实施创新驱动发展战略

科学技术是第一生产力。纵观我国科技政策发展的五个阶段，从 1949 年的百废待兴到 1978 年的改革开放，再到今天创新驱动的发展策略，展现了我国科技实力逐步提升的过程。在这些发展阶段中，有一些特点值得关注：

第一，科技是第一生产力得以认真贯彻实施是实现科技创新的重要基础。我国是在人口多、底子薄的基础上建立起来的，如果没有高度发达的科技，GDP 的增长速度不可能如此之快。因此，科学技术是第一生产力，需要加以贯彻实施，这是建设现代化强国的基础。

第二，明晰的科技发展战略是短期内取得创新成果及提升创新能力的重要指引。在较短的时期内提升科技创新能力以促进我国经济与社会的跨越式发展，需要明晰的科技发展战略。我国在不同时期出台了相应的科技政策，适应了当时的社会发展需要，成为促进科技发展的重要指引。

第三，推进科技成果转化是促进创新扩散的重要推手。自 20 世纪 90 年代以来，我国科技水平有了一定的提升，但科技成果转化率低成为制约创新扩散的一个重要因素。因此，国家出台了多项促进成果转化的政策，有力地推动了创新扩散，提升了我国的整体科技水平。

第四，市场化发展是探索科技发展前沿、促进技术创新扩散，进而提高全社会科技水平的重要保证。进入 21 世纪后，尤其是近几年以来，我国科技水平有了较大的提升，在诸多领域具备了领先全球的科技竞争力。在这样的背景下，走在科技发展的前沿需要创新的多样性与思维的发散性，因此，进一步改革科研管理体制，推进市场化发展是加快建设创新型国家的重要保证。

（2）政府财政科技拨款

政府财政资金支持是促进科技发展的重要推动力，它既是技术创新扩散的重要条件，也反映了国家政策的意图。特别是在改革开放初期，市场主体创新活动不活跃，因此，政府财政支持的创新主体成为创新活动的主力军。

改革开放以来，我国经济实力不断提升为政府财政科技拨款的增加提供了保证。近年来，我国经济总量稳步增长，GDP 总量在 2010 年就已经超过日本，位居世界第二。2019 年，我国 GDP 超过 990 000 亿元人民币，无论是总量还是增速在世界主要经济体中都处于较高水平。经济发展水平是创新的保证，是技术创新扩散的基础。经济发展水平的提高与基础设施的不断完善，都为技术创新及其扩散提供了保障条件。

图 5-1 显示，1980 年我国财政科技拨款仅为 64. 59 亿元，此后逐年上升；2000 年以后呈现快速上升趋势，2017 年财政科技拨款达到 8 383. 6 亿元。虽然财政科技拨款总额在不断上升，但图中显示财政科技拨款占财政支出的比重呈现不断下降的趋势。图中折线为财政科技拨款占公共财政支出的比例，1980 年该比例为 5. 26%，此后波动下降到 2000 年的 4%以下；之后略有回升，但基本维持在 4%左右，2017 年的占比为 4. 31%。

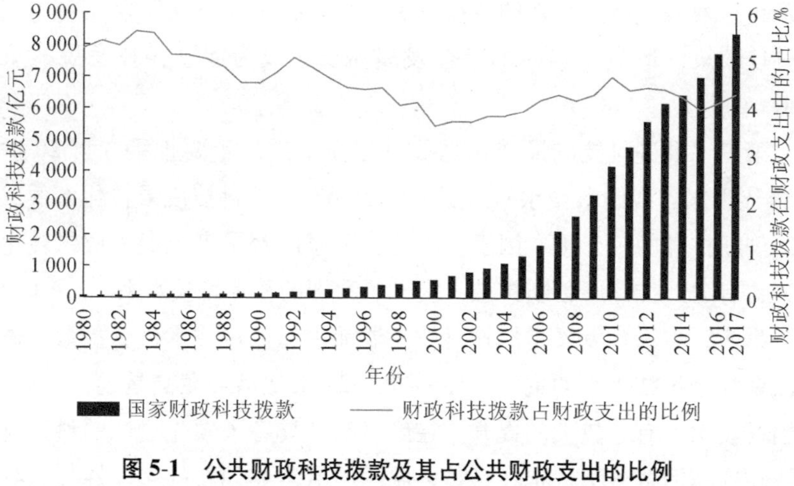

图 5-1　公共财政科技拨款及其占公共财政支出的比例

财政科技拨款的变化反映出改革开放以来我国经济增长及科技政策的变化。随着我国经济的快速增长，财政收入增幅较大，因此财政科技拨款占比从改革开放以后不断下降。2000 年以后，随着国家对科技活动的日益重视，财政科技拨款所占比重略有回升，基本稳定在 4%左右。

从全社会角度来看，全社会科技活动经费中财政科技拨款仅占较小的比重。以科技活动经费支出为例，2019 年国家财政科学技术支出为 10 717.4 亿元；而同期我国各类企业仅 R&D 经费支出就达 16 921.8 亿元，同比增长 11.1%；在所有 R&D 活动主体中，企业 R&D 经费支出所占比重达 76.4%①。可见，在全社会科技创新经费支出中，企业投入占据主要地位。财政科技拨款的重要性在于，一方面它反映了政府的政策导向，能够引导社会资金的创新投向；另一方面，企业资金需要在短期内实现利益回报，因此倾向于投资到时间短、见效快的应用研究或试验发展中，而政府资金可以投入到回报期较长、回报率较低的基础研究中，以弥补企业资金投向的不足。

5.1.2　技术创新扩散的资源保障

技术创新扩散需要相应的资源作为保障，如一定数额的 R&D 经费支出、一定数量的 R&D 人员、科技中介的发展等，这几个方面是新技术扩散的基础。科技中介的发展可以促进技术创新扩散，R&D 经费支出、R&D 人员投入既是技术创新的资源保障，同样也是技术创新扩散的资源保障。

（1）R&D 经费

R&D 经费总额反映了 R&D 活动的活跃程度，经费支出越高说明创新活动越活跃。图 5-2 是 1995—2017 年我国 R&D 经费支出情况。由图可以看出，从 1995 年到 2017 年我国 R&D 经费总额一直呈上升趋势，近十年以来经费上升趋势尤其明显。R&D 投入强度总体呈上升趋势。1995 年 R&D 经费总额为 348.69 亿元，占当年 GDP 的 0.57%；2002 年经费总额为 1 287.64 亿元，占当年 GDP 的比重为 1.06%；2017 年经费总额上升到 17 606.13 亿元，占当年 GDP 的比重为 2.13%。

① 国家统计局，科学技术部，财政部．2019 年全国科技经费投入统计公报［EB/OL］.［2020-08-27］http：//www.stats.gov.cn/tjsj/zxfb/202008/t20200827_1786198.html.

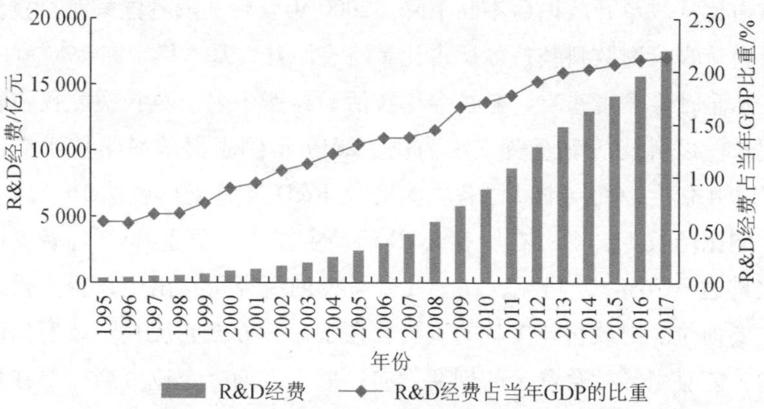

图 5-2　1995—2017 年间我国 R&D 经费支出情况

从图中可以看出，近十年来我国技术创新与扩散的活跃程度开始增强，这主要是因为国家政策对创新的支持和我国经济实力的增强。我国 R&D 经费总额占 GDP 的比重已经达到发达国家的水平，研发经费投入多，说明技术创新的活跃程度高，而技术创新活跃是促进创新扩散，提升创新质量，从而进一步提升我国科技实力的前提。

（2）R&D 人员

R&D 人员是直接从事科技活动的人员，一般用 R&D 人员全时当量来衡量科技人力的投入。R&D 人员作为科技活动的主体，直接参与技术创新的过程；技术创新的成果如何，直接受 R&D 人员中技术人员和研究人员数量和质量的影响。

技术创新扩散同样也离不开 R&D 人员的参与，他们在技术创新扩散中的作用主要体现在以下几个方面：一是为新技术的扩散做培训工作。新技术的推广应用必须以培训工作为前提，技术人员作为新技术开发过程的参与者，最了解新技术的原理，因此新技术推广应用的培训工作一般由他们来承担。二是充当新技术扩散的顾问。新技术被企业采纳后，在应用过程中往往会出现一系列问题，由专业技术人员组成的顾问团队提供专业咨询，解决新技术应用中的问题，为新技术的顺利推广提供了保障。三是作为研发人员，对引进的新技术进行再创新是一种重要的技术创新方式，R&D 人员在这一方面发挥着主要作用。

图 5-3 为 1991—2017 年我国 R&D 人员全时当量的变化情况。从图中可以看出，我国 R&D 人员全时当量呈明显上升的趋势。2000 年以后

上升速度加快，在 2004—2014 年的十年间上升速度最快，2015—2017 年间增速略有减缓；2017 年 R&D 人员全时当量达到 403.36 万人。这表明，2000 年以后，尤其是 2004 年以后我国研发人员队伍迅速壮大。R&D 人员数量迅速增加，一方面表明我国技术创新活动大幅度增强，另一方面为新技术的顺利推广和扩散提供了良好保障。

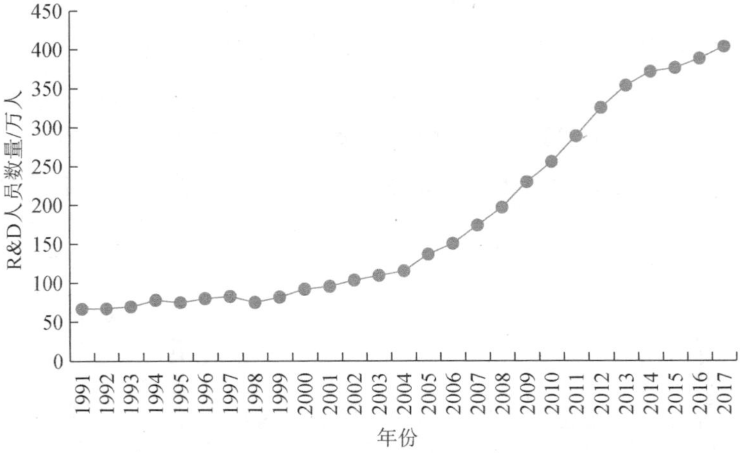

图 5-3　1991—2017 年我国 R&D 人员全时当量情况

5.1.3　技术创新扩散的中介服务

科技中介机构是促进技术扩散的重要服务机构，它是指为研发主体提供科技创新活动所需要的社会化、专业化服务，以支撑和促进科技创新的机构。它们本身一般不从事科技创新活动，只为科技创新活动提供所需要的大量支撑性、服务性资源，是促进科技创新扩散必不可少的一个环节。

我国科技中介机构众多，从功能上大体可分为三类：一是直接参与所服务主体技术创新活动的组织，如生产力促进中心、创业服务中心、工程技术研究中心等；二是为创新主体提供咨询服务的机构，包括科技评估中心、科技招投标机构、知识产权事务中心和各类科技咨询机构等；三是为促进科技资源有效流动及合理配置而提供服务的机构单位，包括常设技术市场、人才中介市场等。目前，我国科技中介机构的发展已经形成了一定的规模，考虑到代表性及研究的需要，本书主要以生产力促进中心、中国科学技术协会为代表进行分析。

（1）生产力促进中心

生产力促进中心是一种非营利性的科技中介机构，它是国家创新体系的重要组成部分，主要以中小企业和乡镇企业为服务对象，为企业提供技术、人才、成果、信息等各方面的中介服务，促进科技成果向现实生产力转化。

图 5-4 是 1998—2017 年我国生产力促进中心的发展情况。从图中可以看出，1998—2013 年我国生产力促进中心总数及总服务收入呈现逐步增加的趋势，并在 2013 年达到顶峰。2014 年后国家政策调整，加强对生产力促进中心的管理，中心数量及服务收入有所下降。1998—2017 年生产力促进中心数量的年均增长率为 14. 89%，总服务收入年平均增长率为 21. 17%。

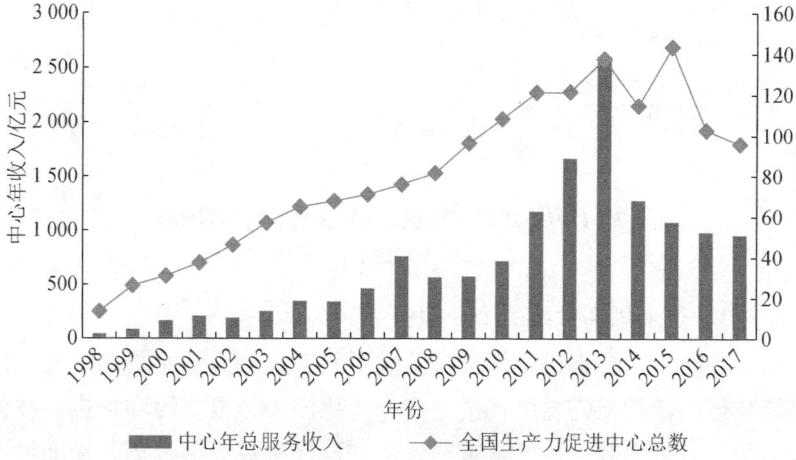

图 5-4　我国生产力促进中心发展状况

（2）中国科学技术协会

中国科学技术协会（简称“中国科协”）是科学技术工作者的群众组织，协会由全国学会、协会、研究会，地方科学技术协会及基层组织组成，其主要任务是反映科技工作者的建议、开展学术交流活动、参与科学论证和咨询服务、加快科学技术成果转化应用等。中国科学技术协会是重要的科技中介组织之一。

图 5-5 显示了中国科协的发展状况。从图中可以看出，中国科协下属的各级科协的数量变化基本呈稳定状态，中国科协学会从业人员数量有较明显的增长。随着科技创新的发展，科协及学会作为科技中介机构

发挥着越来越重要的作用。

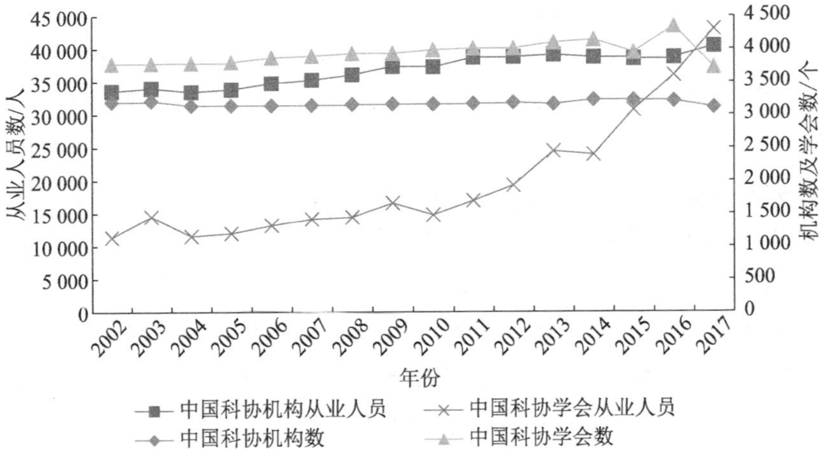

图 5-5　中国科协发展状况

5.2　我国技术创新扩散成效分析

5.2.1　专利

专利既是技术创新的成果，也是技术创新扩散的基础和成果。专利可以作为衡量技术创新扩散成效的间接指标，专利申请或者授权数量可以在一定程度上反映技术扩散的成效。

在众多专利中，并不是每一项发明专利都会被企事业单位看中并接受。专利多种多样，具体哪些会被采纳并成功扩散，在很大程度上取决于专利与企业生产和市场需求的贴切程度。这一般表现为新技术对采纳者的实用性、技术本身的领先性以及采纳者的主观判断。新技术的采纳者在做出采纳新技术的决定之后，一般会将多项新技术作为自己的备选对象，然后通过比较鉴别，最终做出自己认为性价比最高的选择。没有被选中的新技术也许会被另一个采纳者选中，有些新技术也许不会被任何人采纳，甚至有的专利可能“终生”都无法进入采纳者的视野。所以保持一定数量的技术创新成果，是新技术具有更大优越性的保证，是优越的新技术被采纳并成功扩散的关键所在。

专利的申请数或授权数可以作为技术创新扩散成效的衡量指标，原因在于技术创新是一个循环的过程，专利成果的扩散转化有以下几种情况：第一，技术从所有者手中转移到生产者手中，生产者作为接收方利用新技术生产新产品并进行销售，但产品的市场周期是有限的，下一轮新产品的开发需要更新的技术，需要将更新的技术进行专利再申请并获得授权，这种情形意味着技术扩散直接刺激了下一轮新专利的研发。第二，企业与科研机构合作研发。合作研发同样实现了技术转移，但转移后的技术需要企业与科研机构继续合作，在此基础上再开发新的技术，新技术一旦开发成功，可以转化为更先进的生产力。所以，合作研发成功的新技术属于技术扩散的成果。第三，企业凭借自身的研发实力，在购买技术后，通过消化吸收再创新，开发新技术。这本身就是技术扩散的成果。这里介绍的三种技术扩散方式所产出的成果，都直接或间接与新技术相关，而新技术一般都会申请专利。所以，一个国家或地区的专利申请数或专利授权数可以作为衡量技术扩散成效的指标。

图 5-6 为我国 1990 年至 2017 年专利申请和授权情况。从图中可以看出，我国专利申请数在 2000 年以前增长缓慢，2000 年以后上升趋势明显；2000 年专利申请受理数为 140 339 件，授权数为 95 236 件；2017 年分别达到 3 536 333 件和 1 720 828 件。2000—2004 年年间，专利申请受理数与授权数年均增速分别为 18. 74%和 12. 27%；2005—2017 年，专利申请受理数及授权数年均增速分别为 20. 35%和 21. 18%。

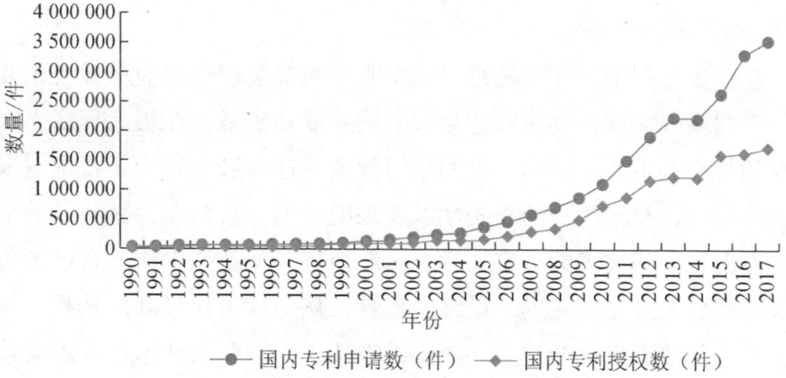

图 5-6　1990—2017 年专利申请和授权情况

专利数量的增加，一方面说明我国技术创新活动的活跃程度越来越高；另一方面也说明技术创新扩散活动越来越活跃。

5.2.2　应用技术重大科技成果

应用技术科技成果是技术创新活动的成果；应用技术重大科技成果是科技成果中价值较大、影响较大的成果，它可能是技术创新扩散的产物，也可能是技术创新的产物。

图 5-7 是 1996—2017 年我国应用技术重大科技成果的取得情况。通过图可以看出，在过去的 22 年间我国应用技术重大科技成果的数量总体呈现上升的趋势。1996 年应用技术重大科技成果为 27 733 项，此后几年数量有所波动；2002 年之后开始稳步增加，2017 年达到 51 677 项。

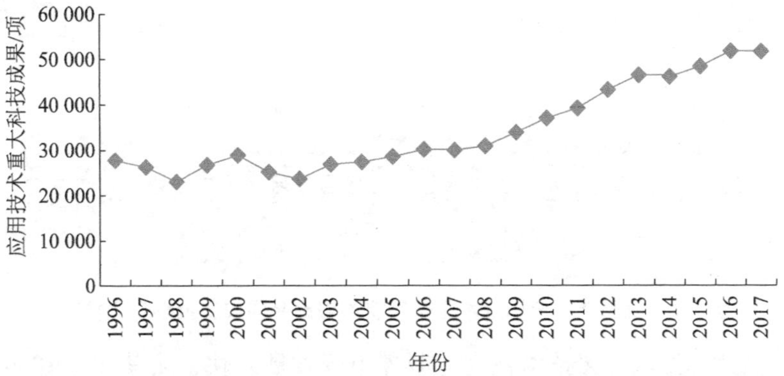

图 5-7　我国应用技术重大科技成果取得情况

应用技术重大科技成果数量的增加，不仅是我国技术创新或技术扩散成效显著的标志，同时也为技术创新扩散提供了充分的基础条件。

5.2.3　技术市场合同成交金额

技术市场合同成交金额反映了技术中介市场的活跃程度，可以作为技术创新扩散成效的衡量指标。技术市场合同按照类型可以分为技术开发合同、技术转让合同、技术咨询合同和技术服务合同等。其中，技术转让合同成交金额直接反映技术扩散和转移的情况，技术转让合同的金额越高，表明新技术被购买和采纳的次数越多，技术扩散活跃度越高；技术咨询合同成交量金额和技术服务合同成交量金额则直接反映了技术中介服务的发展状况，也间接反映了技术扩散的活跃度。

图 5-8 为我国技术市场技术咨询和技术服务合同成交金额变化情况。

从图中可以看出，1991—2017 年我国技术市场技术咨询和技术服务合同成交金额呈现明显的上升趋势。1991 年两者金额分别为 6. 08 亿元和 38. 18 亿元，在 2010 年前两者的增长速度较缓慢，2010 年以后两者呈现快速增长趋势，2017 年两者分别达到了 449 亿元和 6 826 亿元。

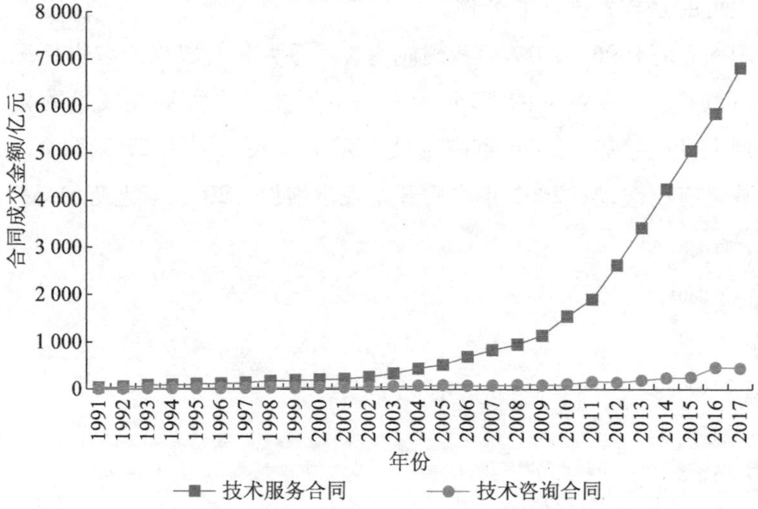

图 5-8　我国技术市场技术服务、技术咨询合同成交金额变化情况

由此可见，我国技术咨询与服务市场发展较快，尤其在 2010 年以后技术中介发挥的作用更为突出。在我国技术创新活动越来越活跃的背景下，技术中介的发展无疑为技术创新的扩散提供了动力，同时也间接地表明了我国技术创新扩散越来越活跃。

图 5-9 为我国技术市场合同和技术转让合同成交金额变化情况。从图中可以看出，1991—2017 年我国技术市场合同成交金额和技术转让合同成交金额呈明显上升趋势，两者在 2000 年以前处于缓慢增长状态，2000 年后呈现快速增长趋势；两者金额分别由 1991 年的 94. 8 亿元和 16. 14 亿元增长到 2016 年的 11 406. 98 亿元和 1 607. 89 亿元。两者成交金额的快速增长说明我国技术创新扩散活动的活跃度得到了提高。

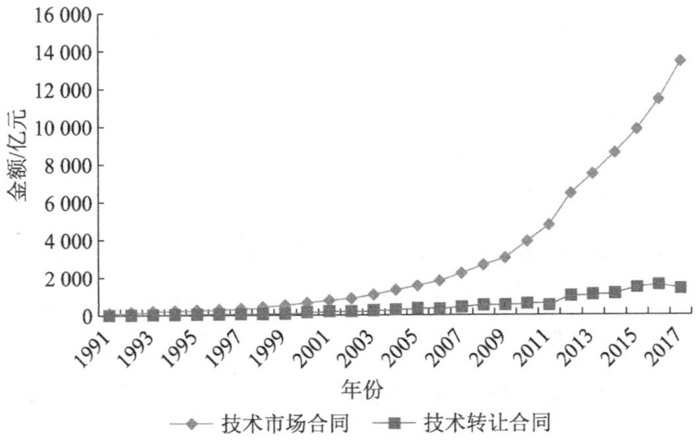

图 5-9　我国技术市场合同和技术转让合同成交金额变化情况

5.3　技术创新扩散影响因素和成效的特点分析

通过对技术扩散影响因素和成效的分析可以看出，影响我国技术创新扩散的各个方面有了较大改善，技术扩散的成效显著，扩散效率也不断提升，但现有扩散机制还存在一定的问题。概括起来，我国技术创新扩散因素和成效主要有以下特点。

5.3.1　技术创新扩散的环境改善较快

进入 21 世纪后，我国的科技水平有了较大的提升，在世界上处于先进水平。科技的提升为技术创新扩散提供了可能。高度发达的科技水平为技术扩散机制的建立和完善奠定了坚实基础，同时我国技术扩散环境的不断改善为科技成果的转化提供了良好保障。

不可否认，无论是政策环境，还是技术创新的资源保证，我国近年来一直在不断完善。政府对技术扩散越来越重视，不仅加强政策引导，还加大资金投入力度，重视 R&D 人员的培育和投入，重视科技中介机构的培育与发展，技术扩散的环境得到了很大改善。不断改善的扩散环境为我国科技成果的转化创造了良好的条件。

尽管我国近年来出台了多项促进技术转移的政策，但要想所有政策都真正得到实施并且取得成效，还需要多方面的制度保证和资金支持，并且需要提升实施效率。相信随着各项技术的创新环境、制度和措施的落实和实施效率的提高，我国技术创新扩散的效率会进一步提升。

5.3.2 技术创新扩散成效明显

近年来，我国经济发展速度较快，其中科技的贡献首屈一指。科技与经济是双向促进的关系，经济的持续发展需要依靠科技做支撑，而经济的发展又可以加大对科技的投入力度，从而促进科技实力的提升。在经济和科技的相互促进中，我国科技发展水平不断提高，技术扩散取得了一定成效，但扩散效率整体还处于较低水平，不能满足目前技术创新的发展需要。

单从数据分析来看，我国的专利申请数量和技术市场合同成交额上升速度都较快。但数据有时并不能说明问题的本质，也就是说，数字的增长不代表技术创新扩散的效率有同等水平的提升。这主要是因为我国近年来申请的专利的质量良莠不齐，看似专利申请和授予数量增幅较大，但很多专利应用性不强，技术含量较低，在很多领域仍缺乏核心技术，同时科技期刊论文质量也有待提升。

另外，数据显示我国技术市场合同交易金额增幅明显，表明技术市场已经发育得比较完善，而且在技术创新扩散中发挥着重要的作用，但事实与数据之间存在偏差。确切来说，我国技术市场正在逐步完善，但发展完善的速度与技术市场合同成交额的增幅不一致。这是因为，在技术市场合同成交额中，有相当一部分来自于关联交易，与技术市场相关性不大。可见，我国技术交易市场还需要进一步发展和完善。

5.3.3 小企业在技术创新扩散中的作用有待提升

企业创新在技术扩散中起着重要作用，企业技术创新既是技术扩散的结果，也是技术扩散的源头。从发达国家的技术扩散来看，小企业在技术创新中占有重要地位，原因在于小企业的体制灵活，创新思维活跃，而一些发达国家对小企业的创新又较为重视，为小企业创新提供了很多政策和资金的支持。企业创新活跃一方面可以促进技术创新的扩散，另一方面也使企业本身成为技术扩散的源头。由于创新活跃，一些企业成为产学研技术创新扩散模式的主体，与高校和研究机构合作，促进了科技成果的转化；由于创新活跃，个别企业创新活动的成功在产业中起到了示范作用，促使其他企业进行模仿创新，或同行业中的其他企业引进创新企业的成果。

我国的小企业在技术创新方面虽然也比较活跃，但大多数小企业技术创新的技术含量并不高，而且多数小企业缺乏创新必需的资金和人才，使得创新活动受到很大的限制。长期以来，我国小企业融资一直是个难题，由于缺乏资金，小企业难以吸引和留住人才，从而对市场需求把握不准，创新效率较低。科技型小企业的发展迫切需要有利的创新环境，只有政府从政策和资金方面给予更多支持，才能充分发挥小企业在技术创新和创新扩散方面的作用。

5.3.4　技术扩散服务体系需进一步优化

我国技术扩散服务体系已基本建立，形成了以政府主导建立的科技中介服务机构为主体，多方参与的技术扩散服务体系。但该服务体系还存在一些问题，如体系不健全、运行不够顺畅等，与我国技术创新的现状不相匹配。

总体来看，我国技术扩散服务体系还有待进一步完善。实现科技成果的转化投资额高、周期长、风险高，因此社会投资的态度一般比较谨慎，投资行为比较保守，而政府目前投资的侧重点还是科技创新，这就造成了技术转化环节与技术研发的脱节。技术转移需要多个政府部门协同合作，但我国还未建立跨部门、跨行业、跨领域的统筹技术扩散服务体系，这在很大程度上制约了新技术的扩散。目前，我国技术服务业发展水平普遍较低，技术服务业的发展多呈现碎片化、同质化与低端化，与技术创新水平不相适应，这也阻碍了科技成果的转化。

技术扩散服务体系的驱动机制需要进一步优化。由于不同部门、不同地方的政策缺乏统筹性和协调性，对跨区域的技术转移造成了不利影响，造成了技术服务供给侧与需求侧的脱节，阻碍了技术转移的顺利进行。就目前的状况来看，技术扩散中的信息共享机制也需要加强。近年来，各部门和各地区先后搭建了一些科技成果信息服务平台，但由于平台缺乏统一的规范和管理，存在重复信息较多、数据分散、前沿信息缺乏、系统分析信息少等问题，导致平台信息利用率低，信息有效性差。

第6章 <<<

基于主成分回归的我国技术创新扩散因素分析

提高技术创新扩散的效率离不开对影响因素的分析。前面章节通过统计图表的形式，对我国技术创新的扩散因素和成效进行了分析。在此基础上，本章从国家层面分析扩散因素对我国技术创新扩散水平的影响，目的在于把握好各种影响因素在技术创新扩散中所起的作用，提高我国技术扩散的效率。

技术创新扩散的影响因素较多，如果只选择其中几个影响因素进行分析，难免会有偏差。所以本章不是简单选取几个学术界形成共识的主要影响因素，而是从多个角度对技术创新扩散的影响因素进行比较全面的研究——将各种影响因素归为五大类：创新投入、科技成果、科技中介、信息技术服务及政策支持。由于指标较多，且各指标之间难免会存在多重共性，所以选择了主成分回归分析法，通过降维，有效去除各指标间的多重共线性，从而把握主要影响因素，提高分析的有效性。

6.1 主成分回归

6.1.1 主成分分析的基本理论

主成分分析是指利用降维的思想，在损失少量信息的前提下，将多个指标转化为少数几个综合指标的多元统计分析方法。降维以后的综合指标称为主成分，每个主成分都是原始变量的线性组合，同时因变量也是主成分的线性组合。

在对某一问题进行研究的过程中，会发现这一问题所涉及的众多变量间存在一定的相关性，说明这些变量之间存在共同因素，而这些共同因素必然对因变量的影响起着支配作用。因此，运用主成分分析法对众多指标进行降维之后得到的主成分，不仅是原始变量的线性组合，而且其数量远少于原始变量，且各个主成分之间互不相关。这样相当于从众多的指标中找出了主要的成分，从而完成了利用大量统计数据进行定量分析的任务，有效地揭示了变量之间的内在关系。

假设研究的某一问题涉及 p 个指标，可以将这 p 个指标看作 p 个随机变量，记为 X_1，X_2，…，X_p，这 p 个指标构成的 p 维随机向量为 $X=(X_1, X_2, \cdots, X_p)$。设随机向量 X 的均值为μ，协方差矩阵为 Σ。对 X 进行线性变换，所形成的新综合变量用 F 表示，即满足

$$\begin{cases} F_1=\mu_{11}X_1+\mu_{21}X_2+\cdots+\mu_{p1}X_p \\ F_2=\mu_{12}X_1+\mu_{22}X_2+\cdots+\mu_{p2}X_p \\ \cdots\cdots \\ F_p=\mu_{1p}X_1+\mu_{2p}X_2+\cdots+\mu_{pp}X_p \end{cases} \tag{6-1}$$

上式满足如下条件：

（1）每个主成分的系数平方和为 1，即 $\mu_{1i}^2+\mu_{2i}^2+\cdots+\mu_{pi}^2=1$。

（2）主成分之间相互独立，表示无重叠的信息。即

$$\mathrm{Cov}(F_i,F_j)=0, i\neq j, i, j=1,2,\cdots,p$$

（3）主成分的方差依次递减，表示重要性依次递减，即

$$\mathrm{Var}(F_1)\geqslant \mathrm{Var}(F_2)\geqslant\cdots\geqslant \mathrm{Var}(F_p)$$

基于以上条件，综合变量 F_1，F_2，…，F_p 分别称为原始变量的第一、第二、……第 p 个主成分。实际中，当主成分较多时，往往挑选前几个方差最大的主成分。

6.1.2　主成分回归

主成分回归是对最小二乘估计的一种改进，它的参数是一种有偏估计，是以主成分为自变量进行的回归分析，如果自变量之间存在共线性，则主成分回归是一种比较好的分析方法。在使用主成分分析法消除回归模型中的多重共线性后，将主成分变量作为新自变量代替原来的自变量进行回归分析。

建立主成分回归模型：

$$Y_i^*=\gamma_1F_{11}+\gamma_2F_{12}+\cdots+\gamma_mF_{1m}+\varepsilon_i \tag{6-2}$$

由于每一个主成分都是自变量的线性组合，因此可以得到以主成分为因变量，以原始自变量为自变量的线性回归模型，而得到的回归系数就是所需要的线性组合的系数。最后得到可以将主成分还原为原始自变

量的回归方程。

综合上述理论，可以将主成分回归分析的步骤归纳如下：第一步，选择并处理原始自变量，运用主成分分析法进行降维，得到主成分；第二步，运用主成分作为自变量对因变量进行回归，选出结果显著的主成分；第三步，将结果显著的主成分还原，得到以原始自变量为自变量的回归方程。

6.2 模型1：基于主成分回归的技术创新扩散影响因素分析

6.2.1 技术创新扩散影响因素指标体系的建立

结合前面章节对技术创新扩散的影响因素分析，本着系统性、科学性的原则构建技术创新扩散影响因素指标体系。首先，指标体系要能够比较全面地反映对技术创新扩散产生影响的因素；其次，指标体系的设计要科学合理，变量衡量指标的选取要客观、准确。基于此，本书从宏观角度出发，主要运用中外各种统计数据，对中外技术创新进行研究。在综合考虑技术扩散各种影响因素的基础上，兼顾统计数据的限制性，指标体系的设计主要从创新投入、科技成果、科技中介、信息服务技术、政策支持五大方面入手，选择了最能代表这5个方面的12个变量，如表6-1所示。这里的因变量为技术创新扩散情况，用“技术市场合同交易金额（Y）”来衡量。

表6-1中，一级指标是指技术创新扩散影响因素的五大方面，二级指标是一级指标的量化，共12个指标，具体解释如下：

（1）创新投入

创新投入选取了资金和人员两个主要指标，衡量创新投入的资金指标为“R&D经费内部支出”。资金是技术创新扩散的基础。作为技术创新扩散主体的企业，通过引进技术应用新技术，其中具备研发能力的企业还会在引进技术的基础之上，消化吸收再创新，这些行为都需要资金的支持。用研发经费的支出作为衡量指标能够比较客观地反映研发活动的活跃程度，也能反映技术创新的资金支持情况。

人员因素是影响创新技术扩散的另一个重要因素。拥有一定数量的研发人员，一方面是研发新技术的基础；另一方面也是新技术扩散能被吸收和应用的保障。技术创新扩散的人员因素用“R&D人员全时工作当量”来衡量。“R&D 人员全时工作当量”表示的是科技活动所投入的人力，是国际上通用的指标。

（2）科技成果

一定数量的创新科技成果是技术创新扩散的基础，同时也是技术创新扩散的载体。科技成果数量越多，所形成的数量优势会很大程度地促进技术创新扩散。科技成果因素用“国内专利授权数”和“科技期刊文章”两个指标来表示。专利授权数在很大程度上决定着可供转让的专利数量，是影响技术扩散的重要因素。其实，有效专利数最能反映可供转让的专利数量。但由于统计数据中 2006 年才有“国内有效专利”这一指标，而本章选取的数据是从 2005 年开始的，因此选用了“国内专利授权数”这一指标来替代“国内有效专利”。“科技期刊文章”① 属于研发成果，其中一些论文是应用型技术创新成果的直接表现形式，对技术创新扩散有着直接的影响。

（3）科技中介

科技中介的发展直接影响技术创新扩散的效率，科技中介这个一级指标的可量化衡量指标较多，如各省市的科协、科协下属的学会、生产力促进中心等。因为数据年限的原因，二级量化指标选取数量有限，所以这里选取“中国科协从业人员”“中国科协学会从业人员”“科协系统学术交流活动”“科协主办科技期刊”4 个指标来衡量科技中介的发展状况。其中前两个指标是衡量科协系统机构规模的指标，后两个指标能直接促进技术创新的扩散。

（4）信息服务技术

随着信息技术的不断发展，信息技术应用不断深化并快速向制造业和现代服务业等领域渗透，这将推动行业间的不断融合，促进战略性新兴产业和面向生产的信息服务业的发展。信息技术服务业的发展直接影响创新技术扩散的速度和效率，也是实现技术创新扩散的基础性条件之一。我国统计数据中衡量信息技术服务业发展水平的指标较多，这里仅选取了“互联网宽带接入端口”和“电信业务总量”两个指标作为衡量

---

① 科技期刊文章是指在下述领域出版的科学和工程类文章：物理、生物、化学、数学、临床医学、生物医学研究、工程和技术，以及地球和空间科学（来源：美国国家科学基金会，科学与工程指标）。

“信息服务技术”的量化二级指标。

（5）政策支持

政府对技术创新扩散的政策支持，能大力推动新技术的扩散。政府通过政策引导、媒体宣传等，号召相关单位和部门进行更多的技术创新及扩散活动。除了政策上的引导之外，政府还可通过增加财政科技拨款及税收补贴的方式来鼓励技术创新扩散活动的开展。由于政策的可量化指标有限，这里选取“国家财政科技拨款占公共财政支出的比重”和“大中型企业研发支出所含税收补贴率”① 作为政策支持的二级指标，这能在一定程度上衡量政府政策对于技术创新扩散的影响。

表 6-1　技术创新扩散因素指标体系

变量类型	变量名称		指标代码
因变量	技术市场合同交易金额/亿元		Y
自变量	创新投入	R&D 经费内部支出/亿元 R&D 人员全时工作当量/万人年	X_1 X_2
	科技成果	国内专利授权数/万件 科技期刊文章/万篇	X_3 X_4
	科技中介	中国科协从业人员/人 中国科协学会从业人员/人 科协系统学术交流活动/次 科协主办科技期刊/种	X_5 X_6 X_7 X_8
	信息服务技术	互联网宽带接入端口/万个 电信业务总量/亿元	X_9 X_{10}
	政策支持	国家财政科技拨款占公共财政支出的比重/% 大中型企业研发支出所含税收补贴率/%	X_{11} X_{12}

6.2.2　研究方法与数据来源

运用主成分回归分析法对技术创新扩散影响因素的 12 个指标进行降维，降维后所得到的综合性指标即主成分，这里选取的是主成分特征

① “大中型企业研发支出所含税收补贴率”指的是大中型企业的研发支出中所隐含的税收补贴率。这一指标的数据来自世界银行数据库，原数据分为“中等规模企业研发支出所含税收补贴率”和“大企业研发支出所含税收补贴率”两个指标，两个指标中的数据除最近两年有微小差别外，其他年份的数据相同。基于此，这里仅选用了“中等规模企业”的数据作为衡量“大中型企业研发支出的税收补贴率”指标。

值大于1，对原始信息的解释达到80%以上的主成分。在选取的主成分去除多重共线性后，将主成分作为影响因素建立模型进行回归分析。由于每一个主成分都是原始变量的线性回归模型，因此，通过把主成分还原为原始变量，就能得到以原始自变量表示的回归方程。

本章选取2005—2018年间的数据，因变量1个，为“技术市场合同交易金额”，自变量指标为12个，合计13个指标，数据来源于《中国统计年鉴》、《中国科技统计年鉴》、世界银行数据库、OECD数据库等。

6.2.3 主成分回归的结果

首先用SPSS软件对2005—2018年的12个自变量指标的数据进行KMO和Bartlett球形检验。KMO值为0.610，大于0.5；Bartlett球形检验结果显著，说明这12个自变量指标之间存在共线性，可以选用主成分分析法。

用SPSS软件进行主成分分析，得到如表6-2所示的结果。从表中可以看出，F_1、F_2两个主成分的特征值分别是8.089和1.569，两个主成分的累计贡献率已经达到80.479%，也就是说这两个主成分累计含有12个原始自变量80%以上的信息量，因此可以用这两个主成分替代原始自变量。

表6-2 主成分的特征值和贡献率

成分	初始特征值			提取载荷平方和		
	特征值	贡献率/%	累计贡献率/%	特征值	贡献率/%	累计贡献率/%
F_1	8.089	67.405	67.405	8.089	67.405	67.405
F_2	1.569	13.074	80.479	1.569	13.074	80.479

表6-3为主成分载荷矩阵，从第一个主成分来看，创新投入、科技成果、科技中介、信息服务技术和政策支持5个方面的大多数指标载荷都比较高，第二个主成分载荷较高的是“科协系统学术交流活动”和“国家财政科技拨款占公共财政支出的比重”。

表 6-3 主成分载荷矩阵

指标	F_1	F_2
X_1	0. 994	-0. 046
X_2	0. 982	0. 101
X_3	0. 984	-0. 035
X_4	0. 991	0. 060
X_5	0. 924	0. 308
X_6	0. 930	-0. 235
X_7	-0. 156	0. 755
X_8	0. 700	-0. 133
X_9	0. 967	-0. 171
X_{10}	0. 551	-0. 144
X_{11}	0. 031	0. 806
X_{12}	0. 845	0. 340

根据载荷矩阵可以得到两个主成分得分，把主成分作为解释变量，可以建立以两个主成分为自变量、以技术市场合同交易金额为因变量的主成分回归模型：

$$Y=6\ 772.731+1\ 674.068\text{prin1}-678.106\text{prin2} \tag{6-3}$$

式（6-3）仅表示两个主成分与因变量之间的因果关系，并不能具体反映原始自变量与因变量之间的因果关系。为了进一步研究 12 个原始自变量与因变量之间的关系，还需要根据主成分载荷中的数据进一步计算出以两个主成分为因变量，12 个原始指标为自变量的线性回归模型结果，如表 6-4 所示。表中的系数分别是 12 个自变量系数，第二列是以第一个主成分 prin1 为因变量，12 个原始指标为自变量的系数，第三列是以第二个主成分 prin2 为因变量，12 个原始指标为自变量的系数。

表 6-4 两个主成分回归模型结果

指标	prin1 的系数	prin2 的系数
常量	-13. 615 116	-21. 697 534
X_1	0. 000 062	-0. 000 007

续表

指标	prin1 的系数	prin2 的系数
X_2	0.003 402	0.000 792
X_3	0.005 226	−0.000 424
X_4	0.032 364	0.004 415
X_5	0.000 165	0.000 125
X_6	0.000 033	−0.000 019
X_7	−0.000 013	0.000 140
X_8	0.000 993	−0.000 428
X_9	0.000 012	−0.000 005
X_{10}	0.000 014	−0.000 008
X_{11}	0.056 028	3.336 380
X_{12}	3.735 153	3.409 076

将上述结果还原后，得到以 12 个原始自变量为解释变量的主成分线性回归方程：

$$\begin{aligned}Y=&38\ 660.476+0.122X_1+5.627X_2+10.162X_3+56.412X_4+\\&0.192X_5+0.078X_6-0.154X_7+2.254X_8+0.027X_9+\\&0.034X_{10}-2\ 984.535X_{11}+3\ 825.778X_{12}\end{aligned}\tag{6-4}$$

从上式中可以看出，12 个指标除 X_7 与 X_{11} 外全部与因变量呈正相关关系。创新投入的增加可以促进技术创新扩散，其中 R&D 经费内部支出每增加 1 亿元，技术市场合同交易金额增加 0.122 亿元。科技成果因素即国内专利授权数和科技期刊文章对技术创新扩散也具有正向影响作用。在科技中介的 4 个指标中，有 3 个指标对技术创新扩散起正向作用，只有“科协系统学术交流活动（X_7）”与技术创新扩散呈负相关关系，之所以系数为负，是因为学术交流活动的整体增幅不大，而且时有起伏，而因变量技术市场合同交易额增幅非常明显，所以增长趋势不明显的变量对技术创新扩散可能起不到促进作用。相反，直观地从数据特点来看，还会存在负相关关系。政策支持的因素中，“国家财政科技拨款占公共财政支出的比重（X_{11}）”与因变量负相关，主要是因为这一指标的数据呈起伏的趋势，近四五年来呈下降趋势。

6.3 模型2：创新扩散影响因素指标调整后的主成分回归分析

为了更好地对我国技术创新扩散影响因素进行分析，需对技术创新扩散的衡量指标进行适度调整。经过调整后的二级指标有不同程度的增减和替换，以从多角度衡量验证二级指标对技术扩散的影响是否具有稳定性。由于部分指标数据只更新到 2017 年，因此这里选取 2005—2017 年的数据进行分析。

（1）模型的变量、数据来源

从表 6-5 中可以看出，主成分回归分析的因变量为“技术市场合同交易金额”，自变量依然沿用前面模型指标体系的划分方法，分为创新投入、科技成果、科技中介、信息服务技术和政策支持 5 个方面 12 个指标，但指标变量与表 6-1 的指标体系有所不同。

经过调整后的一级指标“创新投入”下面的二级指标中增加了“风险资本投资”；“科技中介”下面的二级指标调整为 3 个，保留原有的“中国科协从业人员”和“中国科协学会从业人员”，增加了“生产力服务中心年总服务收入”；“信息服务技术”下面的二级指标调整为 3 个，保留“互联网宽带接入端口”，新增“域名数”和“互联网上网人数”两个指标；“政策支持”下面只保留“国家财政科技拨款占公共财政支出的比重”1 个二级指标。表 6-5 的指标数据全部来源于《中国统计年鉴》、《中国科技统计年鉴》、世界银行数据库、OECD 数据库等。

（2）主成分回归的结果

运用 SPSS 软件对自变量 2005—2017 年 13 年的数据进行 KMO 和 Bartlett 球形检验。KMO 的值为 0. 639，大于 0. 5；Bartlett 球形检验结果显著，说明 12 个自变量存在共线性，可以运用主成分分析法进行分析。

对 12 个指标降维后，得到了如表 6-6 所示的结果。从表中可以看出两个主成分 F_1，F_2 的特征值分别是 9. 321 和 1. 888，两个主成分的累计贡献率达到了 93. 402%，也就是说这两个主成分累计含有 12 个原始自变量 90%以上的信息量，可以用这两个主成分替代原始自变量。

表 6-5　主成分回归分析的变量

变量类型	变量名称		指标代码
因变量	技术市场合同交易金额/亿元		Y
自变量	创新投入	R&D 经费内部支出/亿元	X_1
		风险资本投资/百万元	X_2
		R&D 人员全时工作当量/万人年	X_3
	科技成果	国内专利授权数/万件	X_4
		科技期刊文章/万篇	X_5
	科技中介	中国科协从业人员/人	X_6
		中国科协学会从业人员/人	X_7
		生产力服务中心年总服务收入/亿元	X_8
	信息服务技术	互联网宽带接入端口/万个	X_9
		域名数/万个	X_{10}
		互联网上网人数/万人	X_{11}
	政策支持	国家财政科技拨款占公共财政支出的比重/%	X_{12}

表 6-6　主成分的特征值和贡献率

成分	初始特征值			提取载荷平方和		
	特征值	贡献率/%	累计贡献率/%	特征值	贡献率/%	累计贡献率/%
F_1	9.321	77.671	77.671	9.321	77.671	77.671
F_2	1.888	15.73	93.402	1.888	15.73	93.402

从表 6-7 中第一个主成分 F_1 的得分来看，除 X_8 和 X_{12} 外，其他的指标载荷都较高，说明第一个主成分几乎集合了所有指标的信息。而第二个主成分只有“生产力服务中心年总服务收入（X_8）”和“国家财政科技拨款占公共财政支出的比例（X_{12}）”两个变量的主成分载荷较高，说明第二个主成分主要集合了这两个指标的信息。

表 6-7　主成分载荷矩阵

指标	F_1	F_2
X_1	0.996	0.035
X_2	0.868	-0.462
X_3	0.971	0.195
X_4	0.994	-0.027

续表

指标	F_1	F_2
X_5	0. 984	0. 094
X_6	0. 902	0. 364
X_7	0. 954	-0. 240
X_8	0. 487	0. 699
X_9	0. 981	-0. 167
X_{10}	0. 899	-0. 318
X_{11}	0. 969	0. 203
X_{12}	-0. 085	0. 881

根据载荷矩阵中主成分得分可以计算出两个主成分 prin1 和 prin2，将这两个主成分作为解释变量，将“技术市场合同交易金额”作为被解释变量，得到主成分回归模型：

$$Y=5\ 932.370+1\ 273.431\text{prin1}-246.790\text{prin2} \tag{6-5}$$

式（6-5）表明，第一个主成分 prin1 与因变量呈正相关关系，第二个主成分 prin2 与因变量呈负相关关系。要想确定原始自变量与因变量之间的关系，首先需要得出以 12 个原始自变量为解释变量，以两个主成分为被解释变量的线性回归模型，模型的结果见表 6-8。

表 6-8　两个主成分回归模型的结果

指标	prin1 的系数	prin2 的系数
常量	-10. 789 547	-19. 408 339
X_1	0. 000 064	0. 000 005
X_2	0. 000 017	-0. 000 020
X_3	0. 003 311	0. 001 475
X_4	0. 003 025	-0. 000 183
X_5	0. 033 686	0. 007 123
X_6	0. 000 151	0. 000 135
X_7	0. 000 032	-0. 000 018
X_8	0. 004 965	0. 015 827

续表

指标	prin1 的系数	prin2 的系数
X_9	0. 000 013	−0. 000 005
X_{10}	0. 000 236	−0. 000 186
X_{11}	0. 000 014	0. 000 007
X_{12}	−0. 139 449	3. 207 090

将上表中的数据还原，得到以 12 个原始自变量为解释变量，以技术创新扩散的衡量指标“技术市场合同交易金额”为被解释变量的线性回归模型：

$$Y=41\,822.847+0.115X_1+0.049X_2+4.824X_3+5.823X_4+56.377X_5+0.156X_6+0.077X_7-5.374X_8+0.029X_9+0.613X_{10}+0.020X_{11}-3\,230.237X_{12} \quad (6\text{-}6)$$

从上述主成分回归模型的最终结果可以看出，解释变量“生产力服务中心年总服务收入（X_8）”与被解释变量呈负相关关系，这主要是因为 2005—2013 年间，这一值达到了最高点，此后开始逐渐下降。财政科技拨款占政府公共财政支出的比重基本呈下降趋势，从收集的原始数据中可以看出，2005 年到 2010 年这一比例稳步上升，2011 年至 2017 年却又呈现逐年下降的趋势，而因变量的数值每年都在上升，因此，X_{12} 的变化与因变量呈反方向的关系。其余 10 个变量对技术创新扩散都起促进作用，“R&D 经费内部支出（X_1）”指标的系数显示，R&D 经费内部支出每增加 1 亿元，技术市场合同交易金额增加 0. 115 亿元，X_2 风险资本投资每增加一百万元，因变量增加 0. 049 亿元，X_4 国内专利授权数每增加一万件，因变量增加 5. 823 个单位，相应地，其他变量都可以这样解释。可见，所选取的 5 个方面的指标中绝大多数都对技术创新扩散起促进作用。

6. 4　模型 1 与模型 2 回归结果对比分析

通过对比 6. 2 与 6. 3 两个主成分模型回归分析的结果，可以看出，模型指标的选择都较为合理，适用于主成分分析法。从两个模型原始自变量 KMO 和 Bartlett 球形检验的结果来看，模型 1 的 KMO 值为 0. 610，模型 2 的 KMO 值为 0. 639，都在 0. 5 以上，而且 Bartlett 球形检验结果均显著，说明两个模型中自变量的选取适合，都适合选用主成分分析法。从最后还原的主成分回归模型来看，原始自变量对技术创新扩散的影响有同有异。

两个模型中技术扩散因素分析的相同点，主要体现在以下几个方面：

第一，创新投入对技术扩散起促进作用。模型 1 中“创新投入”下面的两个二级指标与技术扩散全部为正相关关系，模型 2 中“创新投入”下面的三个二级指标与技术扩散也全部为正相关关系，“风险投资”对技术扩散的正向影响相对较弱。模型 1 与模型 2 中“R&D 人员全时工作当量”对技术创新扩散都有比较大的影响。

第二，科技成果对技术创新扩散影响较大。模型 1 和模型 2 中“科技成果”的二级指标相同，都是选择“国内专利授权数”与“科技期刊文章”两个指标，从两个模型的回归结果来看，两个指标与技术扩散存在高度正相关关系。可见，“科技成果”对技术创新扩散有较大的促进作用。

第三，科技中介对技术创新扩散的促进作用有待加强。模型 1 中“科技中介”有四个二级指标，只有“科协主办科技期刊”对技术扩散促进作用较为明显，其余三个指标的促进作用较小，其中一个指标系数甚至为负值。模型 2 中“科技中介”有三个二级指标，其中两个指标与模型 1 中的相同，对技术扩散的促进作用较小，另一个指标系数为负值。可见，技术中介并未充分发挥对技术扩散的促进作用，其积极作用有待加强。

第四，信息服务技术对技术创新扩散起促进作用。模型 1 与模型 2 中“信息服务技术”的二级指标有所不同。模型 1 中有两个指标，模型 2 中有三个指标，其中一个指标相同。回归结果显示，两个模型中的二级指标全部与技术扩散呈正相关关系，但每个二级指标的系数均不大。原因在于，信息服务技术作为技术扩散的必备基础条件，是创新技术扩散的前提条件，并不是主要影响因素。

第五，不同的政府政策对技术扩散的促进作用不同。从模型 1 和模型 2 的回归结果来看，两个模型中的“政策支持”下面的二级指标“国家财政拨款占公共财政支出的比重”系数都显示为负值，原因在于这一比重随时间推移呈下降趋势，所以这一政策对技术扩散的促进作用有待加强。模型 1 中“大中型企业研发支出所含税收补贴率”对技术扩散的促进作用明显，说明政府对企业的研发税收补贴很大程度上促进了新技术的扩散。

从上述两个主成分回归模型分析结果的对比中可以看出，在技术创新扩散中，同类影响因素所起的作用基本相同。具体来说，各影响因素二级指标对技术扩散所起的作用大小有所不同，但两个模型的结果具有一致性，这说明模型的一级指标设计合理，二级指标选择得当，模型分析结果具有稳定性。

第7章 <<<

基于国际视角的我国技术创新扩散效应测度

本书前六章对我国的技术创新扩散模式进行了分析，对技术扩散影响因素与成效进行了统计分析，通过建立主成分回归模型，分析了我国技术创新扩散的影响因素对技术创新扩散的影响。本章通过建立结构方程模型，基于国际视角，对我国的技术创新扩散效应进行测度。

7.1 国际技术扩散可行性分析

索洛对于经济增长的核算表明，不同国家拥有不同的技术水平，形成了生产率水平的差异，最终导致经济发展水平的差异。随着国际交流的增多，国家之间技术水平的差距使技术从先进国向落后国扩散，即技术的国际扩散。美国学者波斯纳（M. V. Posner）于 1961 年提出了国际贸易的技术差距模型，该理论认为技术属于一种生产要素。由于各个国家的技术发展水平不同，形成了国与国之间的技术差距，这种技术上的差距使技术领先国具有技术比较优势。在国际贸易中，技术领先国出口的多为技术密集型产品，技术落后国出于发展的需要会模仿技术领先国的产品，从而形成技术的国际扩散。随着产品的技术被进口国模仿，出口国的这种技术比较优势逐渐消失，由技术差距引起的工业品贸易也就此结束。国际技术扩散方式多样，如跨国投资、国际贸易及跨国人才流动等，其中国际贸易是最为常见、涉及范围最广的一种方式。

技术差距是指投入同等的生产要素，由于技术条件不同会有不同的产出。对技术差距是怎样促进技术扩散的问题学者有不同的看法。芬德利（Findlay）运用扩散模型对技术从先进国家转移到落后国家的问题进行了分析，结果表明发达国家与相对落后国家之间的技术差距越大，技术扩散的速度就越快。科恩（Cohen）和莱文（Levin）将技术机会和适用度作为影响技术研发的因素开展研究，他们认为知识输入的适用性影响创新，技术机会条件对研发活动也有显著影响。按照科恩和莱文的观点，技术差距对技术扩散所造成的影响大小取决于新技术对于技术落后国的适用性及技术机会①。德里菲尔德（Driffield）和泰勒（Taylor）研究了 FDI 对于劳动力市场和工资的影响。他们认为，首先，跨国企业的进入提高了一个行业或地区对熟练工人的需求，从而加剧了工资的不均等；其次，技术溢出是从国外企业到国内企业。由于这些溢出效应，国内企业对熟练工人的需求量增加，进一步加剧了总体工资不均等和技能升级。可见，国际技术扩散具有双面性，同时也得出结论：FDI 带来了技术的进步和就业人数的增加。

在互联网、信息技术非常发达的今天，国与国之间存在着广泛的交流，我国技术创新也在一定程度上受对外交流的影响。2008 年国际金融危机以来，全球经济发展乏力，国际市场需求不足，我国经济发展模式逐步由以国际循环为主向国际国内双循环转换。从对外贸易依存度来看，在国际金融危机之前我国的对外贸易依存度达到 60%以上，金融危机之后逐年回落，2019 年我国的对外贸易依存度为 31.8%。虽然近些年我国的对外贸易依存度回落，但对外贸易总额仍然呈上涨趋势，对外贸易对我国经济的影响仍然占有重要地位。对外贸易对我国技术创新存在重要影响，是技术扩散的重要渠道。

在对外经济交往的过程中，国际技术扩散对我国科技的发展起着很强的促进作用。一直以来，在技术创新方式上，我国一方面强调自主创新，另一方面也注重模仿创新和消化吸收再创新。通过国际技术扩散模仿发达国家的先进技术，以及对引进技术进行消化吸收再创新，在过去很长一段时间内促进了我国一些行业技术的快速提升，某些行业的技术水平已经跻身世界前列。因此，从国际技术扩散视角来看，衡量我国技术扩散的效应具有非常重要的意义。本章通过建立结构模型，选择适宜的指标体系，从国际视角对我国的技术创新扩散效应进行研究。

---

① 技术机会是指在满足资本边际收益递减的假设条件下，创新投入不变时，将研究资源转换为新生产技术的生产可能性。

7.2 模型设计与指标体系构建

结构方程模型是一种带有潜变量的验证性因子分析方法。本章根据研究的主体来确定潜变量，并构建各个潜变量之间的关系，设定结构方程模型。因为潜变量不可被直接测量，只能通过几个已知变量来间接测量。这样，在构建潜变量的过程中可以充分考虑各方面可能产生的影响因素，将潜变量细分成观测变量。观测变量的选择会兼顾指标的效度（即观测变量对于潜变量的解释程度）和指标数量的全面性，即尽可能选择效度高的观测变量，使潜变量的测量结果更具说服力。所以，运用结构方程模型对技术创新扩散的效应进行分析，其结果能更系统全面地反映各影响因素在技术扩散效应中的作用。

7.2.1 结构方程模型的基本原理

（1）基本原理

结构方程模型（SEM）是反映潜变量之间因果关系的模型与反映指标（观测变量）与潜变量之间关系的因子模型的结合。模型的基本形式如下：

$$
\begin{aligned}
\boldsymbol{\eta} &= \boldsymbol{B\eta}+\boldsymbol{\Gamma\xi}+\boldsymbol{\zeta} \\
\boldsymbol{X} &= \boldsymbol{\Lambda}_x\boldsymbol{\xi}+\boldsymbol{\delta} \\
\boldsymbol{Y} &= \boldsymbol{\Lambda}_y\boldsymbol{\eta}+\boldsymbol{\varepsilon}
\end{aligned}
\tag{7-1}
$$

式（7-1）中第1个式子为结构方程，反映潜变量之间的因果关系，称为潜变量模型或因果模型。$\boldsymbol{\eta}$ 是内生潜变量，$\boldsymbol{\xi}$ 是外生潜变量；$\boldsymbol{\zeta}$ 是随机干扰项，$\boldsymbol{B}$ 是内生潜变量系数矩阵，描述内生潜变量 $\boldsymbol{\eta}$ 之间的彼此影响；$\boldsymbol{\Gamma}$ 是外生潜变量系数矩阵，描述外生潜变量 $\boldsymbol{\xi}$ 对内生潜变量 $\boldsymbol{\eta}$ 的影响。

式（7-1）中第2、3式为测量方程，测量模型反映潜变量和可测变量之间的关系。若潜变量被视为因子，则测量模型反映指标与因子之间的关系，也被称为因子模型。式中，$\boldsymbol{X}$ 是 $\boldsymbol{\xi}$ 的观测指标；$\boldsymbol{Y}$ 是 $\boldsymbol{\eta}$ 的观测指标；$\boldsymbol{\delta}$ 是 $\boldsymbol{X}$ 的测量误差；$\boldsymbol{\varepsilon}$ 是 $\boldsymbol{Y}$ 的测量误差；$\boldsymbol{\Lambda}_x$ 是 $\boldsymbol{X}$ 在 $\boldsymbol{\xi}$ 上的因子载荷矩阵；$\boldsymbol{\Lambda}_y$ 是 $\boldsymbol{Y}$ 在 $\boldsymbol{\eta}$ 上的因子载荷矩阵系数阵。

综上，结构方程模型就是通过对各种因果模型进行识别、估计和检验，探讨通过变量之间的因果关系来揭示客观事物发展和变化的规律，通过分析观测变量之间的关系来研究难以量化的潜变量之间的关系，从而达到解决实际问题的目的。

（2）路径分析模型

路径分析是一种分析系统因果关系的方法，主要用于分析多个指标变量之间的关系，特别是变量间存在间接影响关系的情况。利用路径分析可以分析自变量对因变量作用的方向，作用的大小及解释能力。

路径分析模型是反映多个变量之间依存关系的模型。根据变量之间关系的类型可以分为递归模型和非递归模型两类。递归模型不含有相互影响的变量，非递归模型含有相互影响的变量。路径分析模型一般形式如下：

$$\boldsymbol{Y}=\boldsymbol{\alpha}+\boldsymbol{\beta Y}+\boldsymbol{\gamma X}+\boldsymbol{\varepsilon} \tag{7-2}$$

式中，$\boldsymbol{\alpha}$，$\boldsymbol{\beta}$，$\boldsymbol{\gamma}$ 是待估计的系数矩阵；$\boldsymbol{\varepsilon}$ 是残差项矩阵。

式（7-2）写成矩阵为

$$\boldsymbol{Y}=\begin{bmatrix} y_1 \\ y_2 \\ \vdots \\ y_p \end{bmatrix} \qquad \boldsymbol{\alpha}=\begin{bmatrix} \alpha_1 \\ \alpha_2 \\ \vdots \\ \alpha_p \end{bmatrix} \qquad \boldsymbol{X}=\begin{bmatrix} x_1 \\ x_2 \\ \vdots \\ x_p \end{bmatrix}$$

$$\boldsymbol{\beta}=\begin{bmatrix} \beta_{11} & \cdots & \beta_{1p} \\ \beta_{21} & \cdots & \beta_{2p} \\ \vdots & & \vdots \\ \beta_{p1} & \cdots & \beta_{pp} \end{bmatrix} \qquad \boldsymbol{\gamma}=\begin{bmatrix} \gamma_{11} & \cdots & \gamma_{1q} \\ \gamma_{21} & \cdots & \gamma_{2q} \\ \vdots & & \vdots \\ \gamma_{p1} & \cdots & \gamma_{pq} \end{bmatrix} \qquad \boldsymbol{\varepsilon}=\begin{bmatrix} \varepsilon_1 \\ \varepsilon_2 \\ \vdots \\ \varepsilon_p \end{bmatrix}$$

7.2.2　指标体系的建立

结合前面章节对技术创新扩散影响因素的分析，按照系统性、科学性的原则，技术创新扩散指标效应影响因素指标体系的构建，首先，要能比较全面地反映对技术创新扩散产生影响的因素；其次，潜变量的设计要科学合理，潜变量衡量指标的选取要客观、准确。基于此，本书从宏观角度出发，基于国际视角，收集统计数据，对技术创新扩散效应进行研究。如果国际技术向国内的扩散促进了技术进步，说明国际技术向国内的扩散确实存在，而且根据系数的大小可以判断扩散的活跃性。测度国际技术创新扩散结果的指标为表示技术进步率的全要素生产率，影响因素指标的设计是在综合考虑技术创新扩散各种影响因素的基础之上，考虑统计数据的限制性，潜变量的设计主要包括技术进步、贸易与投资、国际差距、经济环境、科技环境、吸收能力、基础设施和政府政策八个方面，如表 7-1 所示。

（1）技术进步

技术进步作为国际技术创新扩散的内生变量指标，用全要素生产率来衡量，表示国际的创新技术在向我国扩散的情形下，我国的技术进步水平。这里全要素生产率的测算采用数据包络分析法（DEA），运用三个指标进行测算："地区生产总值""年末劳动力从业人员数"和"固定资产投资"。

（2）贸易与投资

国际贸易是技术扩散的重要影响因素，同时也是扩散的重要渠道之一。从进口贸易来说，物化了的国外技术的中间产品可以直接投入生产使用，也可以通过逆向工程间接提高本国的产出；国际技术贸易是更直接有效的技术扩散模式，贸易双方通过签订协议的方式来完成某项新技术的转移，实现先进技术从出口国向进口国扩散。

出口贸易同样具有逆向的技术溢出效应，能在一定程度上带动出口国的技术进步。对于出口国来说，出口企业为了达到向发达国家出口产品的目的，有时需要在发达国家投资设厂，招聘当地的员工，学习先进的技术，只有这样，产品才能达到发达国家的技术要求。在此过程中，出口企业购买发达国家的技术设备，与当地企业竞争等都可以间接提高自己的技术水平，实现技术的扩散。

FDI 是投资国实现技术扩散的重要渠道之一，技术先进的发达国家通过在技术相对落后的发展中国家投资设厂，新技术在母公司和子公司之间进行转移，相应地从发达国家转移到了发展中国家。同时，员工"在干中学"，通过接受培训掌握新的技术和知识，这也是国际技术扩散的方式。

在发达国家中，美国的技术水平最高，以美国作为发达国家的代表，国际贸易额、国际差距都采用美国与我国经济往来的指标。贸易与投资潜变量可以用三个观测变量指标来衡量，即“对美进口贸易额”“对美出口贸易额”“来自美国的 FDI”。[①]

（3）国际差距

国际差距是影响发达国家对我国技术扩散的重要因素，这里的差距主要从两个方面来衡量：“经济差距”与“技术差距”。经济差距用我国各省人均 GDP 与美国人均 GDP 的比值来表示，反映的是我国各省的经济发展水平与发达国家总体经济发展水平的差距，这一比值越接近 1，说明两者经济发展水平越相近，比值越小说明两者的经济发展差距越大。技术差距用我国各省人均三种专利授权数与美国人均居民专利授权数的比值来表示，这一比值越接近 1，说明二者的技术水平越接近。经济差距与技术差距过大或者过小，对国际技术向我国的技术扩散都有阻碍作用，只有差距在一个适度的水平上，才有利于国际技术向我国扩散的推进。

（4）经济环境

经济环境是影响新技术在国家间扩散的一个基本因素，尤其是对于新技术的被扩散方，经济因素决定技术的基础，只有具备一定的经济实力和经济发展前景，才有可能更好地利用扩散方的先进技术和设备，才有可能为新技术的消化吸收和再创新提供充足的资金保障。经济环境因素用 GDP 来表示更直接一些，由于这里采用的是国内省份的数据，所以用各省的“地区生产总值”和“地方财政一般预算收入”（简称“地方财政收入”）两个指标来衡量。

“地区生产总值”表示各省经济发展的总体水平，是衡量各个省份经济环境的最直接因素；各省的“地方财政收入”是衡量各个省份地方政府财力的重要指标，地方财政收入的充裕状况在很大程度上决定了地方政府在经济活动中能提供的公共物品和服务的范围和数量，也是经济发展程度的重要标志。

（5）科技环境

科技环境是影响技术扩散速度的重要因素，扩散的接收国如果拥有有利于技术扩散的科技环境，就可以更快地加速新技术的转化，进而提

---

① 这里把 FDI 作为贸易因素的一个指标，并不是说 FDI 完全以贸易的形式实现，而是相比较其他潜变量，将 FDI 归到贸易因素更适合。

高扩散的速度，提升扩散的效果。科技环境因素主要用各省份的“技术市场输出地合同金额”“技术市场流向地合同金额”“国内三种专利申请数”来衡量。前两个指标既反映了各个省份技术市场的活跃程度，也反映了各个省份新技术的输入情况和输出情况，第三个指标是对各省份创新活跃程度与创新成果的反映，也是衡量科技环境的一个重要因素。

（6）吸收能力

吸收能力是直接影响技术扩散的因素，一般来说被扩散方对新技术的吸收能力越强，新技术的扩散速度就越快。衡量各个省份的吸收能力主要用反映 R&D 投入的指标和就业人员素质的指标，本书选取了“R&D 经费投入”“R&D 人员全时当量”“就业人员中大专及以上受教育程度人员比例”三个指标。“R&D 经费投入”和“R&D 人员全时当量”反映了各个省份在技术创新方面资金、人员的投入量，这些指标值的增大反映了 R&D 投入的力度变大，对新技术的吸收能力变强。而“就业人员中大专及以上受教育程度人员比例”这一指标反映就业人员的受教育程度，这一数值越高，说明对新技术的接受能力越强。

（7）基础设施

基础设施是影响技术扩散的基本因素之一。一般来说，一个国家的基础设施越完善，越能创造出有利于新技术扩散的环境。在新技术的扩散过程中，一系列的工作运转越高效，越有利于新技术的扩散。基础设施主要用各个省份的“公路里程”“铁路营业里程”“互联网宽带接入端口”“邮电业务量”四个指标来衡量。这四个指标涵盖了对经济发展影响最大的基础设施中公路、铁路、通信等方面的指标。

（8）政府政策

政策是影响技术扩散的重要因素，政府的鼓励政策可以直接或间接影响技术创新扩散的进程。如政府对科技投入的力度可以直接影响技术创新活动，影响新技术的引进和消化吸收。但政策更多的是起引导作用和规范作用。如技术创新相关法律法规的颁布、政府对技术创新的号召，都只能间接影响技术创新扩散活动，政策的影响没有办法量化。尤其是涉及各个省份的政策指标就更加难以量化衡量，所以这里只选取了“地方财政科技支出”这一个指标来衡量政府政策对于技术创新扩散的影响。虽然有些偏颇，但至少可以在一定程度上反映政府科技支出在技术创新扩散中所起的作用。

表 7-1　模型变量指标体系的描述

变量类型	潜变量	代码	观测变量	代码
外生潜变量	贸易与投资	V_1	对美进口贸易额 对美出口贸易额 来自美国的 FDI	X_1 X_2 X_3
	国际差距	V_2	经济差距 技术差距	X_4 X_5
	经济环境	V_3	地方财政收入 地区生产总值	X_6 X_7
	科技环境	V_4	国内三种专利申请数 技术市场输出地合同金额 技术市场流向地合同金额	X_8 X_9 X_{10}
	吸收能力	V_5	就业人员中大专及以上受教育程度人员比例 R&D 经费投入 R&D 人员全时当量	X_{11} X_{12} X_{13}
	基础设施	V_6	互联网宽带接入端口 邮电业务量 铁路营业里程 公路里程	X_{14} X_{15} X_{16} X_{17}
	政府政策	V_7	地方财政科技支出	X_{18}
内生潜变量	技术进步	U	全要素生产率	Y

7.3　模型 1：单项因果关系的递归模型

7.3.1　研究假设

本研究建立的结构方程模型为递归模型，即测量的是解释变量与被解释变量之间的单项因果关系。各变量间的关系为线性、可加的因果关系。变量间的线性关系意味着原因变量的每一单位变化引起结果变量的变化量不变。变量间的线性关系使得多个原因变量作用于一个结果变量时，各原因变量的作用可以叠加。

模型 1 提出以下研究假设：

H_1：贸易与投资对技术进步具有正向影响。贸易额越高，FDI 越多，越能促进国际技术创新扩散。

H_2：国际差距对技术进步具有正向影响。国际差距不过于悬殊，这种差距有利于国外向我国的技术扩散，对我国的技术进步具有促进作用。

H_3：经济环境因素对技术进步具有正向影响。国家财政对科研投入力度越大，R&D 支出越多，国际技术创新扩散越活跃。

H_4：科技环境因素对技术进步具有正向影响。专利申请数越多，可供转让的专利技术就越多，就越能促进新技术的扩散。技术市场交易额越高，说明技术转移越活跃，属于有利于技术扩散的科技环境。

H_5：吸收能力对技术进步具有正向影响。科研人员的数量越多，R&D 人员全时当量越大，就业人员受教育程度越高，表明对新技术的吸收能力越强，越有利于技术创新扩散。

H_6：基础设施对技术进步具有正向影响。各种基础设施越完善，如公路、铁路、互联网、邮电通信行业等越发达，越能促进我国技术创新扩散。

H_7：政策对技术进步具有正向影响。科技支持政策如政府财政的科技支出，在一定程度上对技术创新扩散起促进作用。

7.3.2 模型的构建

根据前面的指标体系来构建结构方程模型的因素结构图，如图 7-1 所示，中间的指标为衡量中美间技术创新扩散结果的指标——技术进步(U)，周围的指标分别为影响技术创新扩散的 7 个因素：贸易与投资(V_1)、国际差距（V_2）、经济环境（V_3）、科技环境（V_4）、吸收能力(V_5)、基础设施（V_6）、政府政策（V_7）。

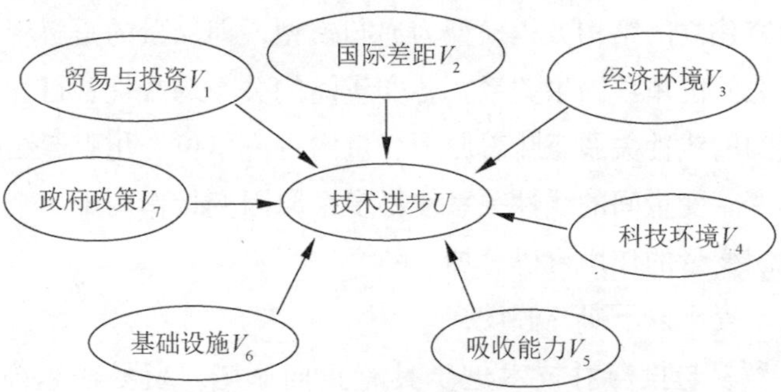

图 7-1 单项因果关系模型因素结构图

根据表 7-1 中的变量指标、图 7-1 的结构因素图及假设条件，可以建立结构方程模型，如图 7-2 所示。

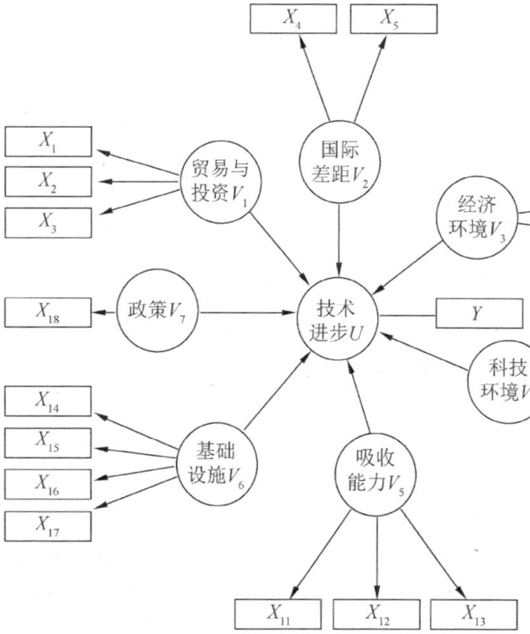

图 7-2　技术创新扩散单项因果关系结构方程模型

从图 7-2 中可以看出，这是仅考虑了自变量对因变量影响的结构方程模型，因变量为 TFP，7 个解释变量分别为前面所述的表示 7 个影响因素的潜变量，每个潜变量又通过观测变量来体现，潜变量和观测变量的具体名称详见表 7-1 中对模型变量指标体系的描述。

7.3.3　数据分析

（1）数据来源及处理

本章结构方程模型的数据包括来自 22 个省（自治区、直辖市）的可测变量的数据①，并选取了这些省份 2007—2017 年间②的数据进行分

---

① 不包括港、澳、台的数据，另内蒙古、吉林、江西、湖北、四川、贵州、西藏、青海、新疆等九个省份来自美国的 FDI 数据无法找到，模型中的数据只包括除上述区域之外的 22 个省份。

② 全要素生产率的测算用到“固定资产投资”指标，全国和地方的统计年鉴中这一指标的最新数据只更新到 2017 年。

析。数据全部来自《中国统计年鉴》、国家统计局官网数据库及各省份的地方统计年鉴。模型中涉及物价变动的数据，全部以2000年为基期进行了不变价格处理，以消除价格波动因素的影响。考虑到模型中的被解释变量为相对指标，解释变量为绝对指标，对解释变量进行了标准化处理，以消除不同量纲的影响。全要素生产率的测算采用 Malmquist 指数法，具体估算法详见下文。

（2）PLS 方法

本书采用偏最小二乘法（PLS）来分析，PLS 是一种新型的多元统计分析方法，由沃尔德（S. Wold）和阿尔巴诺（C. Albano）等人提出。PLS 方法的基本思路是对抽取观测变量的主成分建立回归模型，然后，通过调整主成分权数的方法进行参数估计。所以，使用 PLS 进行估计，先要抽取主成分估计潜变量得分，然后使用普通最小二乘法估计载荷系数和路径系数。PLS 可以克服变量之间共线性的问题，它在选取特征向量时强调自变量对因变量的解释作用，并且没有严格的分布和样本数量要求，更适合偏峰、多峰和小样本数据，还可用于多因变量对多自变量，即多对多的数据类型，是一种有限信息的估计方法。

7.3.4 全要素生产的测算

关于全要素生产率（TFP）变动的研究，目前主要有四种方法：增长和算法、生产函数法、随机前沿分析法，以及数据包络分析法（Malmquist 指数法）。其中，数据包络分析法（DEA）具备不需要对生产函数结构做先验假定，不需要对参数进行估计，并且允许无效率行为的存在，还能对 TFP 变动进行分解等优点，因此本书选择了 DEA 来测算全要素生产率。DEA 的基本思路是：从投入或产出的角度，利用 DEA 方法定义距离函数，然后在此基础上构造 Malmquist 指数度量生产率。

（1）距离函数

根据 Färe 等人的研究，可以将常用 CCR 模型的径向距离函数定义为

$$D_n^t(x_n^t, y_n^t) = \min \theta$$

$$\text{s. t.} \sum_{j=1}^{n} \lambda_j x_{ij}^t \leqslant \theta x_{ij}^t$$

$$\sum_{j=1}^{n} \lambda_j x_{ij}^t \geqslant y_m^j \tag{7-3}$$

$$\lambda_j \geqslant 0$$

其中 x，y 分别代表投入集合和产出集合，$j=1$ 表示决策单元的线性组合系数，D_n^t（x_n^t，y_n^t）为时期 t 的距离函数，表示任意生产点到最佳生产前沿的距离。当 $\theta=1$ 时，说明生产点在最佳生产前沿上，是完全有效率的生产点；当 $\theta<1$ 时，说明投入产出结构需要调整。

在式（7-3）的基础上，增加约束条件 $\sum_{j=1}^{n} \lambda_j = 1(\lambda_j \geq 0)$，即可以构建 BCC 模型，模型的表达式如下：

$$D_n^t(x_n^t, y_n^t) = \min \theta$$

$$\text{s. t.} \sum_{j=1}^{n} \lambda_j x_{ij}^t \leqslant \theta x_{ij}^t$$

$$\sum_{j=1}^{n} \lambda_j x_{ij}^t \geqslant y_m^j \tag{7-4}$$

$$\sum_{j=1}^{n} \lambda_j = 1$$

$$\lambda_j \geqslant 0$$

$$i=1,2,\cdots,m;\ j=1,2,\cdots,n$$

（2）Malmquist 指数

在距离函数的基础之上，卡弗斯（Caves）等人通过距离函数之比构造了生产率指数，即 Malmquist 生产率指数（又称 Malmquist 指数），其表达式如下：

当以 t 期前沿为参照时，

$$M_n^t = D_n^t(x_n^{t+1}, y_n^{t+1}) / D_n^t(x_n^t, y_n^t) \tag{7-5}$$

当以 $t+1$ 期前沿为参照时，

$$M_n^{t+1} = D_n^{t+1}(x_n^{t+1}, y_n^{t+1}) / D_n^{t+1}(x_n^t, y_n^t) \tag{7-6}$$

为了避免因参照选择差异而造成的不良影响，Färe 等人在卡弗斯等人的方法上，利用上述两式的几何平均值来构建 Malmquist 综合生产率

指数，其表达式为

$$M(x^{t+1},y^{t+1},x^t,y^t)=\sqrt{\frac{D_n^t(x_n^{t+1},y_n^{t+1})}{D_n^t(x_n^t,y_n^t)}\cdot\frac{D_n^{t+1}(x_n^{t+1},y_n^{t+1})}{D_n^{t+1}(x_n^t,y_n^t)}} \tag{7-7}$$

上述表达式中的 M 值表示生产率从 t 时期到 $t+1$ 时期 Malmquist 指数的变化，当 $M<1$ 时，表示生产率呈下降趋势；当 $M>1$ 时，表示生产率呈增长趋势。Färe 等人在式（7-7）的基础之上，进一步将 M 值分解为技术进步指数（TC）和技术效率变化指数（TEC）。在此基础上，Färe 等人进一步将技术效率变化指数分解为纯技术效率变化指数（PTEC）和规模效率变化指数（SEC），即

$$\begin{aligned}M(x^{t+1},y^{t+1},x^t,y^t)&=\sqrt{\frac{D_n^t(x_n^{t+1},y_n^{t+1})}{D_n^t(x_n^t,y_n^t)}\cdot\frac{D_n^{t+1}(x_n^{t+1},y_n^{t+1})}{D_n^{t+1}(x_n^t,y_n^t)}}\\&=\frac{D_n^{t+1}(x_n^{t+1},y_n^{t+1})}{D_n^t(x_n^t,y_n^t)}\sqrt{\frac{D_n^t(x_n^{t+1},y_n^{t+1})}{D_n^{t+1}(x_n^{t+1},y_n^{t+1})}\cdot\frac{D_n^t(x_n^t,y_n^t)}{D_n^{t+1}(x_n^t,y_n^t)}}\\&=\mathrm{TEC}\cdot\mathrm{TC}\\&=\mathrm{PTEC}\cdot\mathrm{SEC}\cdot\mathrm{TC}\end{aligned} \tag{7-8}$$

（3）资本存量的测算

从现有的研究来看，国内资本存量的代表性研究者有很多，其中以张军和单豪杰的估算方法最具代表性，认可率和引用率也最高。本书采用张军的方法，折旧率取 9.6%。资本存量 K 的计算通常采用永续盘存法，计算公式为

$$K_t=(1-\delta)K_{t-1}+\frac{I_t}{P_t} \tag{7-9}$$

式（7-9）中，K_t、K_{t-1} 分别为第 t 期、第 $t-1$ 期的资本存量水平；I_t 为第 t 期的投资流量；P_t 为第 t 期的投资价格指数；δ 为折旧率。

资本存量的计算主要包括四个方面的工作：一是估算基年资本存量，二是选择当年的投资流量指标，三是查找固定资产投资价格指数，四是设定折旧率。

（4）TFP 的测算结果

根据所测算的资本存量及收集的各省份的“地区生产总值”“年末从业人数”，运用 Malmquist 指数法对 22 个省（自治区、直辖市）2006—2017 年的面板数据进行测算，得到了各省份 TFP 的变动值，如表 7-2 所示。

表 7-2　各省份 Malmquist 指数

省份	2006—2007 年	2007—2008 年	2008—2009 年	2009—2010 年	2010—2011 年	2011—2012 年	2012—2013 年	2013—2014 年	2014—2015 年	2015—2016 年	2016—2017 年
北京	1. 030	1. 003	1. 013	1. 003	0. 988	0. 976	0. 978	0. 999	1. 019	1. 002	1. 009
天津	0. 993	1. 000	0. 968	0. 967	0. 974	0. 998	1. 047	1. 063	1. 069	1. 084	1. 045
河北	0. 969	0. 939	0. 945	0. 974	0. 963	0. 956	0. 952	0. 949	0. 962	0. 965	0. 981
山西	0. 966	0. 922	0. 871	0. 953	0. 956	0. 956	0. 947	0. 931	0. 928	0. 959	1. 023
辽宁	1. 011	1. 002	0. 995	1. 004	0. 986	0. 964	0. 958	0. 946	0. 974	0. 946	1. 010
黑龙江	0. 970	0. 966	0. 949	0. 964	0. 969	0. 947	0. 929	0. 931	0. 945	0. 969	0. 980
上海	1. 003	1. 032	1. 025	1. 045	1. 037	1. 034	1. 029	0. 937	1. 030	1. 020	1. 023
江苏	1. 041	1. 029	1. 013	1. 013	1. 000	0. 992	0. 993	0. 991	0. 989	0. 981	0. 979
浙江	1. 021	1. 010	0. 990	1. 021	0. 999	0. 993	0. 990	0. 987	0. 987	0. 976	0. 988
安徽	0. 980	0. 969	0. 967	0. 977	0. 970	0. 964	0. 956	0. 954	0. 960	0. 962	0. 975
福建	1. 016	0. 998	0. 989	1. 015	0. 980	0. 978	0. 982	0. 969	0. 962	0. 961	0. 964
山东	0. 990	0. 983	0. 984	0. 994	0. 989	0. 981	0. 984	0. 978	0. 975	0. 980	0. 992
河南	0. 935	0. 923	0. 898	0. 922	0. 935	0. 929	0. 929	0. 940	0. 949	0. 956	0. 978
湖南	0. 979	0. 964	0. 959	0. 959	0. 953	0. 949	0. 948	0. 952	0. 966	0. 966	0. 984
广东	1. 014	0. 987	0. 967	0. 989	0. 975	0. 963	0. 963	0. 960	0. 969	0. 961	0. 962

续表

省份	2006—2007年	2007—2008年	2008—2009年	2009—2010年	2010—2011年	2011—2012年	2012—2013年	2013—2014年	2014—2015年	2015—2016年	2016—2017年
广西	0.957	0.930	0.893	0.879	0.887	0.913	0.955	0.955	0.957	0.957	1.011
海南	1.018	0.957	0.968	0.986	0.954	0.909	0.923	0.920	0.955	0.959	0.961
重庆	0.996	0.996	0.995	1.011	1.003	0.991	0.984	0.977	0.982	0.977	0.979
云南	1.002	0.999	0.958	0.918	0.930	0.932	0.934	0.906	0.923	0.935	0.957
陕西	0.968	0.969	0.945	0.944	0.958	1.023	0.974	0.964	0.964	0.966	0.974
甘肃	0.982	0.963	0.959	0.969	0.971	0.975	0.958	0.946	0.947	0.945	0.974
宁夏	1.008	1.012	0.961	0.999	0.988	0.983	0.964	0.920	0.913	0.928	0.953

资料来源：根据《中国统计年鉴》及各省统计年鉴数据计算得出。

7.3.5 模型的检验

（1）结构信度检验

信度检验是指测量的可信程度，用来检测数据的可靠性。结构信度检验包括内部一致性信度检验和组合信度检验。内部一致性信度检验通常采用 Cronbach's α 系数（Cronbach's Coefficient Alpha，CCA），复合信度检验采用复合信度系数（Composite Reliability，CR）。Cronbach's α 系数越高，则内部一致性越高，信度越高；Cronbach's α 系数在 0.35~0.7 之间，则内部一致性普通，为中信度；当 Cronbach's α 系数大于等于 0.7 时，则属于高信度；当 Cronbach's α 系数小于 0.35 时，则信度较低。一般认为 Cronbach's α 系数应该大于 0.7，也有学者认为大于 0.6 即可。组合信度一般要求 CR 值大于 0.6 即可。

表 7-3 为模型潜变量的信度系数，从中可以看出潜变量的 Cronbach's α 系数全部大于 0.7，政府政策因为只有一个观测变量，所以系数为 1，可以认为各个潜变量的内部一致性信度都较高，全部通过检验；从 CR 系数值看，潜变量的 CR 系数值都在 0.7 以上，通过了组合信度检验。

表 7-3 潜变量信度分析

	贸易与投资（V_1）	国际差距（V_2）	经济环境（V_3）	科技环境（V_4）	吸收能力（V_5）	基础设施（V_6）	政府政策（V_7）
Cronbach's α 系数	0.714	0.940	0.957	0.823	0.813	0.752	1.000
CR 系数	0.841	0.971	0.975	0.897	0.893	0.744	1.000

（2）结构效度检验

因为效度是测量数据能够正确测量出所要测量问题的程度，所以效度的测量就是要确认通过所收集的数据，能否得到想要得到的结论、反映所要讨论的问题，同时要判定潜变量的确定是否合理。结构模型的效度测量可以利用收敛效度即平均变异萃取量（Average Variance Extracted，AVE）来判断结构变量的有效性。一般认为，结构变量的 AVE 值至少应大于 0.5，说明超过 50%对应观测变量指标方程能够被解释，在一定程度上证明此结构变量是有效的。表 7-4 为结构模型的收敛效度，从表中可以看出，只有基础设施的 AVE 值为 0.479，将近 0.5，其余 6 个潜变量的 AVE 值全部高于 0.5，说明结构模型基本通过了效度检验。

表 7-4　收敛效度分析表

	贸易与投资（V_1）	国际差距（V_2）	经济环境（V_3）	科技环境（V_4）	吸收能力（V_5）	基础设施（V_6）	政府政策（V_7）
AVE	0.643	0.944	0.952	0.746	0.739	0.479	1.000

7.3.6　结构方程模型的 PLS 结果分析

运用 SmartPLS 3.3.2 软件，采用 PLS 分析方法，得到结构方程模型 1 的路径系数和结构变量的 R^2 及 P 值，表 7-5 和图 7-3 显示了各观测变量的载荷，以及潜变量的路径系数，路径系数表示的各个影响因素对因变量的影响，图中 R^2 为 0.547。

如表 7-5 所示，中美技术创新扩散单项因果关系结构方程模型的路径系数、T 值和 P 值，模型的自变量有 7 个潜变量，只有中美差距没有通过检验，其余 6 个潜变量全部通过了检验。H_2 假设被推翻，未验证模型最初的 3 个假设：H_1：贸易与投资对于技术进步具有正向影响；H_3：经济环境因素对于技术进步具有正向影响作用；H_4：科技环境对技术进步具有正向影响作用。另有 3 个假设被验证为与原假设关系正好相反：H_5：吸收能力对技术进步具有负向影响；H_6：基础设施对技术进步具有负向影响；H_7：政府政策对技术进步具有负向影响。

从模型的路径系数来看，贸易与投资的系数为 0.343，经济环境的系数为 0.758，科技环境的系数为 0.318，这 3 个因素对技术进步起正向的影响作用，说明对技术扩散也具有促进作用。中美差距这一潜变量对技术进步的影响并不显著。吸收能力、基础设施和政府政策 3 个潜变量的系数全部为负，说明相对于技术进步来说，吸收能力、基础设施和政府政策的支持力度不够，或者说明技术创新相应的投入增加了，比如 R&D 人员、R&D 人员全时当量、政府的科技投入、技术设施，由于某些原因，却没有带来技术进步，也没有推动技术扩散。当然，这只是单项因素因果关系模型的估计结果，不一定具有很强的说服力，因为国际技术扩散运用的是不同的估计方法，结果会有所不同，即便运用同一种方法，指标的算法不同，结果也会有一定差异。所以，需要结合模型 2 的结果来进一步分析。

根据图 7-3 可观测变量的载荷系数可以看出，每个潜变量的可观测变量对于潜变量的影响，比如贸易与投资每增加一个单位，全要素生产率增加 0. 343 个单位，这 0. 343 个单位的增长，意味着我国对美国的出口贸易、进口贸易、美国在我国的 FDI 都有贡献，其中进口贸易的载荷为 0. 929，贡献最大；出口贸易的载荷为 0. 811，贡献次之；FDI 载荷为 0. 639，贡献最小。依次可以根据经济环境、科技环境、吸收能力、基础设施和政府政策等潜变量的路径系数，分析每个观测变量的贡献大小。

表 7-5　结构模型路径系数、*T* 值及 *P* 值

技术创新扩散路径	路径系数	*T* 值	*P* 值
贸易与投资→技术进步	0. 343	3. 604	＊＊＊
国际差距→技术进步	0. 015	0. 107	—
经济环境→技术进步	0. 758	3. 783	＊＊＊
科技环境→技术进步	0. 318	2. 598	＊＊＊
吸收能力→技术进步	−0. 491	1. 756	＊
基础设施→技术进步	−0. 726	9. 611	＊＊＊
政府政策→技术进步	−0. 525	3. 700	＊＊＊

注：＊＊＊表示 $P<0.01$，＊＊表示 $P<0.05$，＊表示 $P<0.1$。

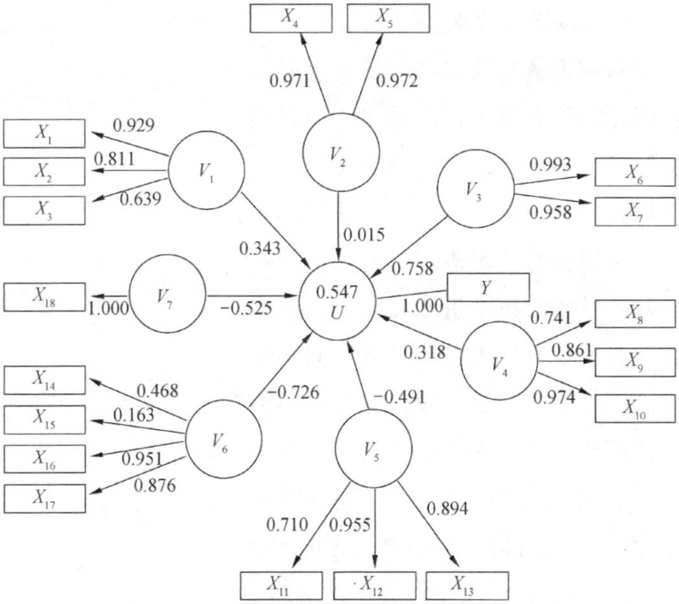

图 7-3　单项因果关系结构模型载荷、路径系数和 R^2

7.4 模型 2：存在间接反馈关系的非递归模型

模型 2 的潜变量和观测量与模型 1 的相同。与模型 1 相比，模型 2 不仅考虑了因变量对于自变量的影响，还考虑了自变量之间的影响，所以对技术创新扩散各变量之间的关系把握更加准确，能更好地分析各变量之间的关系，在更客观全面地分析自变量对因变量的影响时，兼顾自变量之间的相互影响，便于在问题的分析中能全面把握技术扩散效应中影响因素的作用。

7.4.1 模型的构建

(1) 指标体系与研究假设

模型 2 的指标体系与模型 1 的相同，详见表 7-1。模型 2 变量间存在间接反馈作用，属于非递归模型。在模型 2 的路径图中，有间接的循环直线箭头，如 3 个变量形成了 1 个单项循环（见图 7-4）。模型所需要考虑的研究假设，除包括模型 1 的全部假设外，还包括自变量之间因果关系的研究。

模型 2 提出以下研究假设：

H_1：贸易与投资对技术进步具有正向影响；

H_2：国际差距对技术进步具有正向影响；

H_3：经济环境对技术进步具有正向影响；

H_4：科技环境对技术进步具有正向影响；

H_5：吸收能力对技术进步具有正向影响；

H_6：基础设施对技术进步具有正向影响；

H_7：政府政策对技术进步具有正向影响；

H_8：国际差距对贸易与投资具有正向影响；

H_9：经济环境对贸易与投资具有正向影响；

H_{10}：经济环境对国际差距具有正向影响；

H_{11}：经济环境对科技环境具有正向影响；

H_{12}：经济环境对吸收能力具有正向影响；

H_{13}：经济环境对基础设施具有正向影响；

H_{14}：经济环境对政府政策具有正向影响；

H_{15}：吸收能力对科技环境具有正向影响。

（2）构建模型

由于模型 2 的变量指标体系与模型 1 的相同，根据图 7-1 模型指标体系和上述研究假设，构建结构因素图如下：

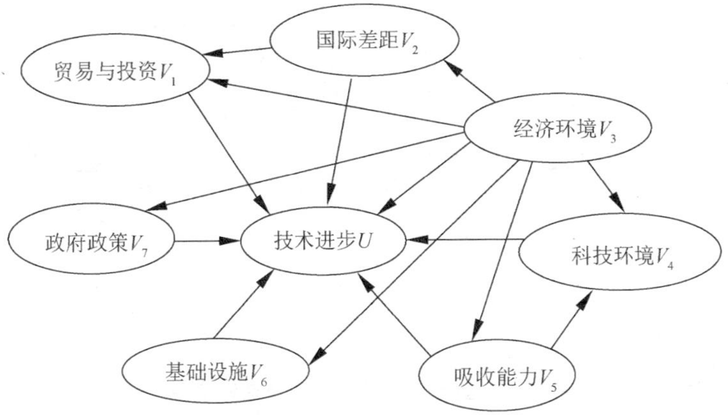

图 7-4　非递归模型因素结构图

从图 7-4 可以看出，模型 2 不仅研究了自变量与因变量之间的关系，还研究了自变量之间的关系，比如经济环境可能对所有的因素都有影响，其他变量之间可能也有影响。本章研究的关系都是从理论上来说比较显著的关系，变量之间可能还有其他的关系，但因为影响较小可以忽略，不予以考虑。所以，可以说模型 2 是比较充分地考虑了全部潜变量之间关系的模型。

根据因素结构图、潜变量和观测变量、研究假设等条件，可以建立模型 2 的结构方程模型的理论模型，如图 7-5 所示。

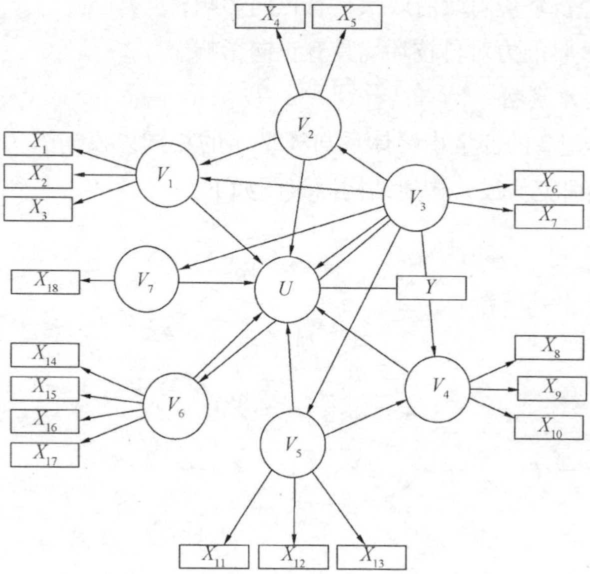

图 7-5　技术创新扩散效应非递归模型

7.4.2　模型的信度和效度检验

因为模型 2 的变量选取和数据与模型 1 的不同，路径关系也有变化，所以需要对数据再次进行信度和效度检验。从表 7-6 的结果来看，表示内部一致性信度的 Cronbach's α 系数值与模型 1 的数据一致，全部大于 0.7，属于高信度，通过了内部一致性的信度检验。组合信度方面，CR 系数与模型 1 稍有差别，但也全部高于 0.6，通过了组合信度检验。

效度检验方面，因为模型 2 考虑的路径关系与模型 1 有了较大差别，收敛效度的 AVE 值也与模型 1 的值有了较大的差别。从表 7-7 的数据来看，7 个潜变量的 AVE 值全部大于 0.5，说明全部潜变量 50%以上的对应观测变量指标能够被解释，由此可以判断结构变量是有效的。

表 7-6　潜变量信度分析

	贸易与投资（V_1）	国际差距（V_2）	经济环境（V_3）	科技环境（V_4）	吸收能力（V_5）	基础设施（V_6）	政府政策（V_7）
Cronbach's α 系数	0.714	0.940	0.957	0.823	0.813	0.752	1.000
CR 系数	0.843	0.971	0.979	0.897	0.893	0.831	1.000

表 7-7　收敛效度分析表

	贸易与投资（V_1）	国际差距（V_2）	经济环境（V_3）	科技环境（V_4）	吸收能力（V_5）	基础设施（V_6）	政府政策（V_7）
AVE	0.647	0.943	0.958	0.746	0.742	0.559	1.000

7.4.3　模型的实证结果

依然采用 PLS 分析方法，得到结构方程模型 2 的路径系数和结构变量的 R^2、T 值和 P 值，如图 7-6 和表 7-8 所示。图 7-6 为结构方程模型的载荷系数、路径系数及 R^2，以“国际差距”为因变量的 R^2 值最低，为 0.376，对于面板数据来说，拟合效果较好。其余变量 R^2 的值都在 0.5 以上，可以看出，结构模型的拟合较好。

（1）路径系数的分析

从表 7-8 可以看出，15 个假设中有三个假设未被验证：H_2：国际差距与技术进步；H_4：科技环境与技术进步；H_5：吸收能力与技术进步。从现有的数据样本来看，3 个假设之间没有显著的因果关系，其余 12 个假设均得到了验证。

首先，对结构模型中自变量与因变量间的路径系数进行分析。贸易与投资对技术进步有显著的正向影响，贸易与投资每增加 1 个单位，技术进步增长 0.454 个单位；经济环境每增加 1 个单位，因变量增加 0.903 个单位；基础设施与技术进步为反方向的关系，这说明我国绝大多数地区基础设施建设还比较落后，虽然技术进步了，但基础设施并没有同步增加，相对于技术的进步速度，基础设施明显滞后，所以二者呈反方向变动；政府政策对技术进步也呈反方向变动，同样说明，相对于技术的进步，绝大多数地方政府财政的科技投入力度不足，财政科技投入力度滞后于技术进步水平。

其次，对结构模型中自变量之间的路径系数进行分析。在自变量中，经济环境是一个主要的因素，对其他变量存在不同程度的影响。经济环境对贸易与投资有正向影响，系数为 0.449，说明经济环境每增长 1 个单位，贸易与投资增长 0.449 个单位。经济环境对国际差距也有正向影响，路径系数为 0.613。从理论上来说，经济环境对科技环境也是有正向影响的，如 GDP 的增加对专利的发明申请有间接的促进作用，但从模型结果来看，这一假设并没有得到验证。此外，经济环境对吸收能力有显著的正向影响，路径系数为 0.898，即经济环境每增长 1 个单位，促进吸收能力提高 0.898 个单位。经济环境对基础设施有显著的正向影响，路径系数为 0.822，即经济环境每增长 1 个单位，基础设施增长 0.822 个单位。经济环境对政府政策有正向影响，路径系数为 0.872，即经济环境每增长 1 个单位，地方政府的财政科技增长 0.872 个单位。吸收能力自变量对科技环境有正向影响，如 R&D 投入、R&D 人员全时当量对专利申请、技术市场成交额有正向影响。此外，国际差距对贸易与投资有正向影响，也就是说，国际经济、技术差距越大，越能促进贸易与投资的发展。

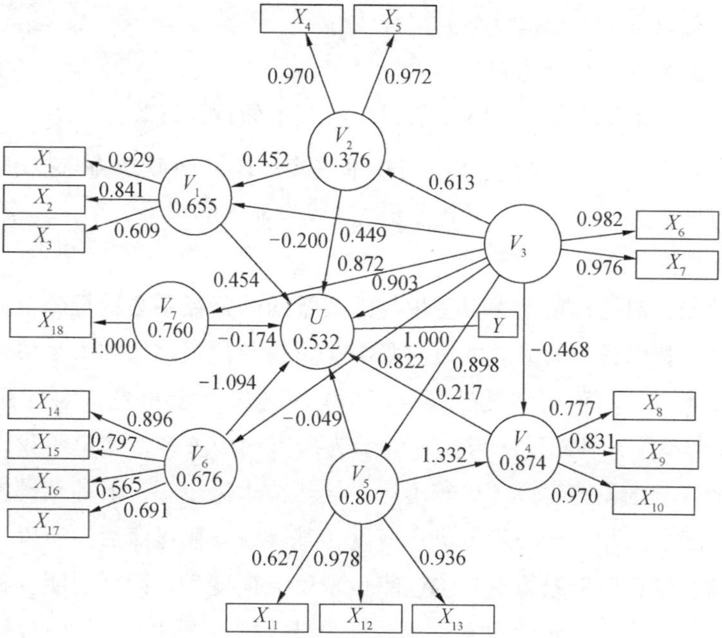

图 7-6　非递归结构模型载荷、路径系数及 R^2

表 7-8　结构模型路径系数、*T* 值及 *P* 值

技术创新扩散路径	路径系数	*T* 值	*P* 值
贸易与投资→技术进步	0.454	6.190	* * *
国际差距→技术进步	−0.200	1.545	—
经济环境→技术进步	0.903	4.231	* * *

续表

技术创新扩散路径	路径系数	T 值	P 值
科技环境→技术进步	0. 217	1. 487	—
吸收能力→技术进步	-0. 049	0. 197	—
基础设施→技术进步	-1. 094	8. 935	* * *
政府政策→技术进步	-0. 174	1. 970	* *
国际差距→贸易与投资	0. 452	8. 805	* * *
经济环境→贸易与投资	0. 449	7. 369	* * *
经济环境→国际差距	0. 613	17. 520	* * *
经济环境→科技环境	-0. 468	6. 214	* * *
经济环境→吸收能力	0. 898	59. 291	* * *
经济环境→基础设施	0. 822	26. 786	* * *
经济环境→政府政策	0. 872	52. 391	* * *
吸收能力→科技环境	1. 332	22. 149	* * *

注：* * * 表示 $P<0.01$，* * 表示 $P<0.05$，* 表示 $P<0.1$。

（2）载荷系数分析

根据图 7-6 中各个潜变量的载荷系数，可以就各观测变量对于潜变量的影响逐一进行分析。潜变量“贸易与投资（V_1）”有 3 个观测变量，分别为“对美贸易进口额（X_1）”“对美贸易出口额（X_2）”及“来自美国的 FDI（X_3）”，从载荷系数来看，X_1 的系数最高，说明 X_1 对贸易与投资潜变量的贡献和影响最大，X_2 的贡献次之，X_3 的贡献最小。遵循这一思路，在“科技环境（V_4）”这一潜变量中的 3 个观测变量中“技术市场流向地合同金额（X_{10}）”的贡献最大，“技术市场输出地合同金额（X_9）”的贡献次之，“国内三种专利申请数（X_8）”的贡献最小。同理，根据其余 5 个潜变量的可观测变量载荷系数，也可以分析每个观测变量对潜变量贡献的大小。所以，载荷系数可以衡量各观测变量在因果关系中对潜变量所起作用的大小。

7.5　模型 1 与模型 2 的对比分析

7.5.1　模型设计差异

模型 1 与模型 2 都是结构方程模型，但是模型 1 为递归模型，只考虑了变量对因变量的影响；模型 2 为非递归模型，综合考虑了自变量对因变量的影响，以及自变量相互之间的影响。递归模型的优点在于因果关系简单明了，与计量模型相似，只有 1 个因变量，其余变量全部为自变量，但递归模型的自变量设计比计量模型自变量涵盖的影响因素更加全面。如果 1 个变量与其他变量之间是单向的因果关系，可以运用递归模型进行分析。但在现实生活中，变量之间的关系有时并非如此简单，它们之间可能是互为因果的，此时路径分析的模型就为非递归模型。在本章的分析中，非递归模型模型 2 就是考虑到影响技术进步的 7 个因素之间可能互为因果关系，所以将 7 个因素可能存在的相互影响也考虑进去，建立了非递归模型。为了分析模型 1 与模型 2 的变量结果的一致性和差异性，两个模型采用了相同的指标体系。

7.5.2 模型实证结果对比分析

通过对比模型 1 和模型 2 的实证结果可以看出，模型 2 因综合考虑了自变量对因变量的影响，以及自变量之间的相互影响，导致潜变量的系数与模型 1 的系数有不同程度的差别。模型 1 中科技环境与技术进步的正相关关系非常显著，而模型 2 中科技环境对技术进步的影响并不显著。模型 1 中吸收能力对技术进步的负相关关系在 0.1 水平上显著，而模型 2 中两者的关系并不显著。国际差距对技术进步的影响，在模型 1 和模型 2 中都不显著，其余 4 个潜变量与技术进步的关系在模型 2 和模型 1 中均显著，但系数有差别。

很难分辨模型 1 与模型 2 的结果哪个更可靠，但综合两个模型的实证结果可以得出如下结论：国际差距对我国技术创新扩散的影响并不显著，而贸易与投资对技术进步的影响显著，这说明贸易和 FDI 带来了技术扩散，促进了我国技术的进步。通过除这两个主要变量以外的其他潜变量也可以基本得出结论：吸收能力对技术扩散的作用不是特别显著；科技环境从理论上来说，应该对技术进步起促进作用，而模型 1 也验证了这一理论；政府政策、经济环境和基础设施尽管在两个模型中的系数有差异，但都与技术进步关系显著，因此与技术创新扩散的关系也非常显著。

此外，模型 2 由于考虑了不同变量之间的路径关系，自变量之间也存在很强的相关性，因此在考虑各影响因素与技术进步的关系时，也需要注意影响因素之间的关系。某一因素的增加或降低，可能使其他因素产生连带反应，模型 2 的路径分析对从国际角度分析我国技术创新扩散的真实情况，把握规律，充分协调各种影响因素，使我国的技术创新扩散走向良性循环具有重要的借鉴意义。

第8章 <<<

结论和政策建议

社会进步依赖经济发展，经济发展依靠技术创新，而技术创新扩散才能使技术最终转化为生产力，促进社会的进步和经济的发展。不同的社会发展阶段，技术创新所关注的重点有所差别，但关于技术创新扩散的研究持续具有社会现实意义。

本书对我国的技术创新扩散进行了研究，通过统计分析研究了我国技术创新扩散的模式、影响因素及成效；采用主成分分析法从国家层面分析了技术创新的影响因素；在对技术创新扩散模式进行分析的基础上构建了结构方程模型，对我国技术创新扩散的成效进行了测度。本书的研究旨在发现我国技术创新扩散方面的不足，一方面改进我国技术创新扩散体制，提升扩散成效，促进更多创新技术的转移，加快新技术扩散的进程；另一方面优化技术创新扩散的环境，促进国际技术扩散。

8.1 研究结论

通过前面的分析研究发现，我国技术创新能力的提升需要以完善技术扩散机制作为支撑。目前，我国的技术扩散机制已经建立，从扩散的环境、模式和效应来看，我国的技术扩散机制取得了一定的成绩，但在很多方面依然存在不足。

8.1.1 我国科技管理体制优势明显

从世界范围来看，科技管理体制大致分为三种类型：多元分散型、集中型和折中型。美国、德国、日本为分散型科技管理体制的典型代表国，中国、俄罗斯、韩国、印度为集中型科技管理体制的典型代表国。无论是分散型还是集中型，都可以充分发挥自身的优势，实现科技的高效发展。

我国在新中国成立之初建立了集中型科技管理体制，利用全国的科技资源，在短短数年内就建立了比较完整的国家科技体系。改革开放以来，我国不断深化科技管理体制改革，坚持以政府为主导，充分发挥市场、各类科技创新主体的作用，紧密连接、有效互动，形成了有中国特色的科技创新管理体系。我国技术创新管理体制由政府主导，这有利于把握创新的方向，使创新总是能够服务于我国经济社会发展最为迫切的领域。创新科技体制注重市场配置资源的作用，使科研院所和企业能根据市场的需求不断进行创新。

目前，我国进入了中国特色社会主义新时代，强化国家科技力量，实施自立自强的科技发展战略是科技发展的主导。现阶段，改革的重点在于加强基础研究，进一步推动自主创新，推进核心技术攻关，强化知识产权保护，促进科技成果转化，激发创新的积极性和主动性，持续保持创新活力。在持续不断完善的科研管理体制下，我国的技术创新扩散机制将越来越完备，技术转化的效率也将不断提升。

8.1.2　社会资金投入不足不利于技术创新扩散

我国技术创新扩散机制的建立主要由政府主导，在资金方面，政府给予了大力支持，当然，企业在技术创新及扩散中也是重要的资金投入方。但总体来说，资金投入依然不足，这在很大程度上制约了科技成果的转化。从发达国家技术扩散成功运作的实践来看，营利性的技术转移机构和非营利性的技术转移基金会在技术扩散中都起到了不可替代的作用。可见，社会资金的参与是国家技术创新扩散的重要推动力。我国技术扩散机制中社会资金投入不足是影响技术扩散的重要原因。

我国非营利性组织主要包括事业单位、基金会、社团和社会服务组织。企业主要通过自主创新，委托专业研发机构开发及与科研院所联合研究等方式参与科学研究与技术扩散。目前，我国一些地方探索成立了新型研发机构，其中科研实力较强的主要由高校和科研院所主导，企业或产业联盟发起的民办非企业研发机构的科研能力普遍较弱，企业与科研单位联合成立的科研机构几乎没有。另外，我国还缺乏专注于科学研究和技术转移的基金会。2015 年，为了加速推动科技成果的转化与应用，引导社会力量和地方政府加大技术转移投入力度，科技部、财政部通过设立国家科技成果转化引导基金以充分发挥财政资金的杠杆和引导作用，创新财政科技投入方式，带领金融资本和民间投资向科技成果转化集聚。转化基金支持科技成果转化的方式包括：设立创业投资子基金、贷款风险补偿和绩效奖励等。目前，国家科技成果转化引导基金还处于成长阶段。

8.1.3 我国技术创新活跃，但部分科技成果技术含量低，扩散困难

为适应我国经济转型升级的需要，我国企业进入了技术创新活跃期，我国的专利申请量和授权量多年保持世界第一，国际专利申请数也即将超越美国跃居世界第一位。但在专利数量快速增长的同时，质量却在下降，若以此来衡量我国和美国的技术能力，差距反而在拉大。造成这一状况的原因主要是科技成果的质量良莠不齐，部分科技成果技术含量较低。

这种现象的出现和各种激励评价机制密切相关。如政府为鼓励科技发展，出台了各类专利补贴、资助和奖励政策。专利申请人申请专利的动机复杂，如为了职称评定、绩效奖励、聘期考核、课题结项等。当获取专利是为了实现以上这些目的时，专利技术的应用性及技术含量的高低很多时候被忽略。从企业的角度来说，获取专利也成为获得高新技术企业资格、享有税收减免等优惠政策的手段。在这些利益驱使下的专利申请，很难保证质量。

8.1.4 技术创新扩散体系有待完善

我国技术创新扩散体系中的缺陷造成科技成果转化率低，技术创新扩散的进程被延缓，具体缺陷体现在以下几个方面：

一是多数高等院校、科研院所没有成立专门的技术转移机构。而现有的少数技术转移机构，也因考核机制存在偏差，科研的成果片面注重数量，加上行政化管理，专业性不足，导致工作效率低，对专利技术的应用性、可转化性考虑不充分，难以胜任复杂的技术转移工作。

二是企业内部基本没有设立专门的技术转移机构，导致企业获取外部先进技术受限，企业自身的发明专利向外扩散也受到限制。有证据表

明，企业通过开展技术转移工作可以使研发效率提高 60%，节约研发经费 40%。然而，由于我国企业的发展规模和发展理念所限，目前能有效实施技术转移或进行开放式创新的企业并不多见。

三是社会化技术转移机构不够发达，专业化的社会技术转移机构相对缺乏。社会化的技术转移机构应具备灵敏的市场辨识能力、商业化的经营理念及专业化的人才队伍，但我国以市场化运作的技术转移机构的工作人员，缺乏相关专业知识，供需资源调配难度大，技术转移周期长。目前，市场上社会化的技术转移机构所从事的业务以申报政策咨询、转移咨询、检验检测为主，以技术转移为辅，机构规模偏小，专业化程度较低。

除以上几点原因外，我国技术市场的交易还不发达，技术合同成交额以关联交易金额为主，以政策驱动为主，技术交易市场还有待发展完善。

8.1.5　技术转移机构专业人才较为缺乏

我国技术转移机构专业人才相对缺乏，这也是阻碍科技成果顺利转化的重要因素之一。从发达国家的经验来看，技术扩散体系的成功离不开专业人士的参与。技术转移机构既需要从事专业研究的专家团队，也需要在技术转移工作方面具有丰富经验的工作人员。从专家团队来看，我国并不缺乏专业人才，缺乏的是把这些专业人员组织起来的机构。德国技术转移机构的构建以专家学者为核心，依托跨区域、跨国界的技术转移服务网络，而这种成熟和大规模的技术转移机构正是我国技术扩散体系所缺乏的。

此外，技术转移服务专业人才是我国技术扩散服务体系的短板。我国对技术转移机构的工作人员进行专业的培训相对较少，这种培训需要根据经验、素质和负责的工作内容的不同将技术转移人员划分为不同的等级，不同等级的专业素质要求不同，培训内容也不相同。而且针对专业从业人员的培训工作不是一次性的，要根据环境的变化来调整培训的内容、周期等。

8.2 政策建议

通过前面章节的分析可知，我国技术创新扩散在扩散模式、扩散环境、扩散态势、扩散总体状况方面既有优势，也存在一定的问题。《中华人民共和国国民经济和社会发展第十四个五年规划和2035年远景目标纲要》指出，要“加强原创性引领性科技攻关。在事关国家安全和发展全局的基础核心领域，制定实施战略性科学计划和科学工程”，“以国家战略性需求为导向推进创新体系优化组合，加快构建以国家实验室为引领的战略科技力量”，“优化提升国家工程研究中心、国家技术创新中心等创新基地。推进科研院所、高等院校和企业科研力量优化配置和资源共享”。

技术创新与技术扩散是相辅相成、相互促进的关系，创新技术的扩散是技术创新得以顺利进行的保障。目前，我国技术扩散体系还不完备，在我国“十四五”规划的指导下，应进一步加强技术扩散体系的建设，加快科技成果转化，缩短新技术从实验室到应用领域的时间，实现企业与新技术研发的顺利对接。

8.2.1 充分利用现有科技管理体制的优势，促进技术扩散

尽管发达国家的分散型科技管理体制在促进技术创新扩散方面取得了很大的成功，但不意味着只有分散型的体制才具有优势，集中型的科技管理体制也可以充分发挥自身的优势，取得成功。

相对于分散型的体制，集中型的体制具有以下优点：首先，科技管理的高度集中，科技规划的制定、执行和评估都集中在政府部门，管理权力也高度集中，有效保证了科技政策和科技活动的顺利开展和运行，保证了科技工作的效率。其次，各级机构在科技管理体制中分工明确，执行效率较高。只要各部门切实履行自身的职责，就可以实现技术创新与技术创新扩散的有效开展，为经济发展提供科技支撑，这也是在经济转型期，保证经济高速发展所需要的科研管理体制类型。在实际工作中，集中型科研管理体制也应当适度借鉴分散型体制的优势，在集中管理科技工作的同时适当放权，调动地方科研机构的积极性，鼓励科研机

构的研究工作与市场接轨，鼓励有条件的科研机构建立自己的技术转移办公室，促进新技术的扩散。

8.2.2　优化技术扩散环境

目前，我国技术转移中产学研合作的利益分配机制还不健全，有待完善。除健全法律外，政府还应积极采取财政、税收和金融等政策措施，保护创新主体的技术所有权，保证合作方以平等的身份参与到合作中来。

改进科技成果转化投入方式，政府应加大对科技中介机构的支持力度，加强科技成果转化平台建设。为保证科技资源配置和科技成果转化的公平性，政府应着力解决科技资源配置和科技成果转化方面的困难，营造科技资源共享的良好的文化氛围，大力倡导科技平台共建、共享、共赢的文化理念，实现科技资源共享，形成全社会积极参与、支持科技平台工作的良好氛围与环境。

加强企业内部环境建设，企业要积极应对产业内市场竞争的需求，加强员工培训，加强企业文化、组织制度、管理模式等的建设，为技术创新能力的提升积极培育资源。企业要以产业内技术领先的企业为榜样，在模仿效应和竞争效应的影响下，积极把握市场需求，引进新技术。有条件的企业可以与科研院所或大学等签订合作协议，合作开发新技术，以提升企业自身的科技实力，实现企业的长远发展。总之，加强技术创新扩散外部环境和内部环境的改善，是促进技术扩散、提升企业实力、发展区域经济、促进整个国家技术进步的基础。

8.2.3　各级政府充分发挥技术扩散的重要推动者的作用

分散型的科技管理体制决定了政府在技术创新扩散中不起决定性作用，但不意味着不参与技术转移。政府一直以各种方式推动科技成果的转化，政府主导成立技术转移机构，联邦政府加大技术转移经费投入力度，给予联邦实验室经费及各种政策支持等。

在技术扩散中，要把政府的推动作用与企业的主导作用区分开来。在技术转移方面，要充分发挥企业作为技术转移的主要参与者的作用；政府作为引导者，需要进行必要的干预。企业间的交往和协调主要在市场中进行，因此要充分发挥市场的引导作用。企业以市场需求为导向，参与技术转移活动；作为技术接收方的企业在取得技术许可后，需要实现新技术的市场化，更需要准确把握市场的需求和变化。

政府应建立完善的科技成果信息披露机制，加强科技成果信息化公共服务平台建设，为科技成果转化提供公开透明的信息。目前，我国科技成果信息仍存在较为严重的不透明、碎片化问题，因此，加强开放式、全覆盖、高质量的科技成果公共信息平台建设，是做好技术转移工作的重点。公共信息平台的建立，既能使有新技术需求的企业及时了解、获取所需的技术，又能为专业机构开展科技成果的评估、筛选和鉴别等增值服务提供信息和资料。

8.2.4 加强对公共科研机构技术转移的绩效考核

为促进新技术的扩散，实现科技成果的转化，政府应强化公共科研机构的技术转移转化绩效考核，努力解决转化动力不足的问题。《实施〈中华人民共和国促进科技成果转化法〉若干规定》明确要求，在科研院所和高校的绩效考评中，应适度考虑技术转移绩效因素，将科技成果转化率作为评价科研人员工作绩效的一项指标。

目前，我国公共技术转移机构仍普遍缺乏具体的考核安排和考评标准。为了强化管理，提高这些机构技术转移的工作效率，可以建立技术转移绩效报告机制，要求高校、科研院所及主管部门按年度提交本机构和部门的科技成果转移转化情况报告。报告内容应包含本年度科技成果产出情况、累计拥有情况、科技成果转化和专利技术授权情况，还应包含已转化成果所形成的经济、社会效果等。另外，还需要加快建立科研院所和高校科技成果转移转化绩效考核指标体系，并将考核指标适度纳入人员考核机制中，将技术转移机构的领导干部和相关工作人员的技术转移绩效作为考核的内容。只有把员工的自身利益和工作挂钩，才能从根本上调动技术转移机构人员的积极性，从而提升技术转移工作的效率。

8.2.5 提升中小企业在技术扩散中的作用

企业作为技术创新的主体，同时也是技术扩散中的主要接收方。提升中小企业在技术扩散中的地位，是加快科技成果转化的重要途径。

一是继续营造有利于中小企业技术创新的环境。政府不仅要从政策和资金方面进行支持，还要拓宽中小企业技术创新所需人员的来源渠道。近年来，我国不断加大对中小企业创新的政策扶持力度。2018 年，国务院发布《关于推动创新创业高质量发展打造“双创”升级版的意见》指出，要加大财税政策支持力度，将企业研发费用加计扣除比例提高到 75%的政策的适用范围由科技型中小企业扩大至所有企业。2021 年 3 月 24 日召开的国务院常务会议提出，将制造业企业研发费用加计扣除比例由 75%提高至 100%，相当于企业每投入 100 万元研发费用，可在应纳税所得额中扣除 200 万元。除税收优惠外，还应继续加强对中小企业的科技创新资金支持力度，并加大对相关专业人才的培养力度。

二是加强技术转移中心的建设。由于大企业的自主创新能力远高于中小企业，大企业凭借自身的资金、技术和人才优势，能够不断地实现技术创新。而中小企业更多地需要从外部获取技术，加强技术转移中心的建设是促进技术扩散，更好地服务于中小企业创新的必备措施。我国在 2020 年已经建立了中国高校科技成果转化联盟。联盟的建设既能降低各高校设立技术转移中心的成本，还能把多所高校的新技术信息集中于联盟网络，使中小企业更易于寻找到所需要的新技术。今后，应继续推动高校科技成果转化联盟的建设，进一步扩大联盟的规模，促进联盟的信息化建设；继续以联盟为依托，加强高校科技成果转化云平台的建设，更好地为高校科技成果转化和中小企业技术创新服务。

8.2.6 多渠道引导社会资金进入技术扩散机制

技术创新扩散意味着新技术的转移，使科研机构的科技成果从实验室走向市场。在这一过程中，发达国家的中央政府投入了一定数量的资金，但由于研究机构的资金来源多样化，因此社会资金也起到了重要的作用，甚至比中央政府资金更有效率。例如，美国联邦实验室和企业之间形成了优势互补、各取所需的高效率合作模式，建设“产业友好”（Industry Friendly）的联邦实验室技术转移转化支撑体系。联邦实验室通过合作，可以推广科研成果，强化学术影响力，获取更多的外部资源；企业在合作中可以获得自身发展所需的应用技术及知识产权，提升市场竞争能力和公司的价值。例如，联邦实验室技术转移联盟（FLC）承担了技术情报交流和提供科研成果信息服务的职能，帮助有技术需求的企业联系相应的联邦实验室，促成技术转移；NASA 也于 2015 年建立了“Startup NASA”网络平台，开展技术转移，促进新技术的扩散，并且公司在正式出售产品之前不收取专利授权和使用费。这些模式都极大地促进了企业和联邦实验室之间的合作，促进了新技术的扩散。

对于科技成果的转化资金，应在加大政府财政性资金投入的同时，积极吸引大量的社会资金进入科技领域，形成多渠道多元化的技术转移资金投入体系，以促进新技术的转移，加快技术创新扩散的进程。政府应发挥更加积极的作用，为有意愿投入科学研究的社会资金提供更有价值的投入渠道与支持政策。具体来说，可通过以下方式来鼓励和吸引社会资金参与技术扩散：一是允许政企合作发起设立具有独立法人资格的“联合基金”，基金作为非营利性组织，由企业基金会和政府共同出资。联合基金主要为企业与科研机构的合作研发、专利技术转让等提供服务。二是由政府出面设立公募基金，向全社会吸收科学捐赠，并探索与捐赠者的多种合作方式。基金用于企业和科研院所的研发，可以是某一具体的科学领域或科学研究任务，也可以是新技术的转移扩散。三是搭建企业与基础学科研究对接的研究平台，鼓励企业积极参与基础研究。基础学科研究是科技创新的源头，基础研究的发展能为新技术的开发奠定坚实的基础。企业通过参与基础研究能够提升自身的创新能力，同时为科技成果的顺利转化提供了可能。

参考文献

[1] TICA J, ŠIKIĆ L. Endogenous convergence and international technological diffusion channels [J]. South East European Journal of Economics and Business, 2019, 14 (2): 34-53.

[2] GEROSKI A P. Modelling the dynamics of industry population [J]. International Journal of Industrial Organization, 2001, 19 (7): 1003-1022.

[3] RYAN B, GROSS N. The diffusion of hybrid seed corn in two Iowa communities [J]. Rural Sociology, 1943, 8 (1): 15-24.

[4] BASS M F. A new product growth for model consumer durables [J]. Management Science, 1969, 15 (5): 215-227.

[5] COE D T, HELPMAN E. International R&D spillovers [J]. European Economic Review, 1995 (39): 859-887.

[6] GIRMA S. Absorptive capacity and productivity spillovers from FDI: a threshold regression analysis [J]. Oxford Bulletin of Economics and Statistics, 2005 (67): 281-306.

[7] HAGERSTRAND T. Innovation as a spatial process [M]. Chicago: University of Press, 1967.

[8] NAANAA D I, SELLAOUTI F. Technological diffusion and growth: case of the tunisian manufacturing sector [J]. Journal of the Knowledge Economy, 2017 (8): 369-383.

[9] GRETHER J M. Determinants of technological diffusion in Mexican manufacturing: a plant-level analysis [J]. World Development, 1999, 27 (7): 1287-1298.

[10] EATON J, KORTUM S. Technology, geography and trade [J]. Econometrica, 2002 (9): 1741-1779.

[11] BROWN A L, COX R K. Empirical regularities in the diffusion of innovation [J]. Annals of the American Association of Geographers, 1971, 61

(9): 551-559.

[12] POSNER V M. International trade and technical change [J]. Oxford Economic Papers, 1961, 13 (10): 323-341.

[13] MANSFIELD E. Technical change and the rate of imitation [J]. Econometrica, 1961 (29): 741-766.

[14] LEI M W. Determinants of IT innovation diffusion from dynamic perspective: review and prospects [J]. Technology and Investment, 2016, 7 (1): 1-7.

[15] DRIFFIELD N, TAYLOR K. FDI and the labour market: a review of the evidence and policy implications [J]. Oxford Review of Economic Policy, 2000, 16 (3): 90-103.

[16] GEROSKI A P. Models of technology diffusion [J]. Research Policy, 2000, 29 (4): 603-625.

[17] SAMUELSON A P. Where Ricardo and Mill rebut and confirm arguments of mainstream economists supporting globalization [J]. Journal of Economic Perspectives, 2004, 18 (3): 135-146.

[18] BOEING P, MUELLER E. Measuring patent quality and national technological capacity in cross-country comparison [J]. ZEW Discussion Papers, 2016 (6): 16-48.

[19] ROGERS M E. Diffusion of innovations [M]. 4th ed. New York: Free Press, 1995.

[20] ROGERS M. Networks, firm size and innovation [J]. Small Business Economics, 2004, 22 (2): 141-153.

[21] FINDLAY R. Relative backwardness, direct foreign investment, and the transfer of technology: a simple dynamic model [J]. The Quarterly Journal of Economics, 1978, 92 (1): 1-16.

[22] SOLOW R M. A contribution to the theory of economic growth [J]. The Quarterly Journal of Economics, 1956, 70 (1): 65-94.

[23] SRIVASTAVA R K, MAHAJAN V S, CHERIAN J. A multi-attribute diffusion model for forecasting the adoption of investment alternatives for consumers [J]. Technological Forecasting and Social Change, 1985, 28

(4)：325-333.

[24] HÄGERSTRAND T. Innovation diffusion as a spatial process [M]. Chicago：University of Chicago Press，1967.

[25] UTTERBACK J M，ABEMATHY W J. A dynamic model of process and product innovation [J]. Omega，1993 (3)：639-656.

[26] COHEN M W，DANIEL A. Levinthal. Innovation and learning：the two faces of R&D [J]. Economic Journal，1989，99 (397)：569-596.

[27] KIM U J. Technology diffusion，absorptive capacity，and income convergence for Asian developing countries：a dynamic spatial panel approach [J]. Empirical Economics，2020，59 (2)：569-598.

[28] 加不里埃尔·塔尔德. 传播与社会影响 [M]. 北京：中国人民大学出版社，2005.

[29] 萨伊. 政治经济学概论 [M]. 北京：商务印书馆，1997.

[30] 罗伯特·M. 索洛. 经济增长理论：一种解说 [M]. 上海：上海三联书店，1998.

[31] 埃弗雷特·M. 罗杰斯. 创新的扩散 [M]. 辛欣，译. 北京：中央编译出版社，2002.

[32] 约瑟夫·熊彼特. 经济发展理论：对于利润、资本、信贷、利息和经济周期的考察 [M]. 北京：商务印书馆，1990.

[33] 约瑟夫·熊彼特. 资本主义、社会主义与民主 [M]. 商务印书馆，1999.

[34] 马歇尔. 经济学原理（上卷）[M]. 北京：商务印书馆，1964.

[35] 何晓群，刘文卿. 应用回归分析 [M]. 3 版. 北京：中国人民大学出版社，2011.

[36] 张士运. 技术转移体系建设理论与实践 [M]. 北京：中国经济出版社，2014.

[37] 张寒. 中国大学技术转移与知识产权制度关系演进的案例研究 [M]. 北京：经济管理出版社，2016.

[38] 董景荣. 技术创新扩散的理论、方法与实践 [M]. 北京：科学出版社，2009.

[39] 柳剑平，程时雄. 中国与世界主要国家（地区）的技术差距

及影响因素研究［M］. 北京：人民出版社，2016.

［40］周源. 制造范式升级期共性使能技术扩散的影响因素分析与实证研究［J］. 中国软科学，2018（1）：19-32.

［41］李金城，王林辉. 中国省际技术进步偏向性的空间扩散效应［J］. 数量经济研究，2020（3）：129-146.

［42］卜昕，邓婷，张兰兰，等. 美国大学技术转移简介［M］. 西安：西安电子科技大学出版社，2014.

［43］曾珠. 美国技术创新政策分析及其对中国的启示［J］. 甘肃联合大学学报（社会科学版），2008，24（2）：14-18.

［44］陈子凤，官建成. 我国制造业技术创新扩散模式的演化［J］. 中国软科学，2009（2）：20-27.

［45］何兴强，欧燕，史卫，等. FDI 技术溢出与中国吸收能力门槛研究［J］. 世界经济，2014（10）：52-76.

［46］金刚，沈坤荣. 中国工业技术创新空间扩散效应的时空演化［J］. 经济地理. 2016，36（5）：121-127.

［47］李平. 国际技术扩散对发展中国家技术进步的影响：机制、效果及对策分析［M］. 北京：三联书店，2007.

［48］黄新飞. 国际贸易、FDI 和国际 R&D 溢出：基于中国省份面板数据的实证分析［J］. 中山大学学报（社会科学版），2018（2）：187-196.

［49］柳卸林，何郁冰，胡坤，等. 中外技术转移模式的比较［M］. 北京：科学出版社，2012.

［50］柳卸林. 技术创新经济学［M］. 北京：中国经济出版社，1993.

［51］罗天虎. 基于 Bass 模型的知识扩散演化分析［J］. 情报杂志，2007，26（3）：74-76.

［52］吕宏芬. 国际技术扩散的理论与实证：一个文献综述［J］. 国际商务：对外经济贸易大学学报，2011（1）：94-101.

［53］吕新军，胡晓绵，张熹. 中美高技术产业间技术扩散模式比较分析：基于投入产出与社会网络方法的分析［J］. 科技进步与对策，2010，27（7）：51-56.

[54] 马丽仪，陶秋燕，贺俊，等. 美国“制造业拓展合作伙伴计划”的经验及启示 [J]. 科技导报，2020，38 (4)：99-102.

[55] 马忠法. 我国改革开放以来技术转让法律制度的反思 [J]. 东方法学，2019 (2)：41-56.

[56] 阮建青，王凌，李垚. 创新差异的基因解释 [J]. 管理世界，2016 (6)：107-117.

[57] 舒元，才国伟. 我国省际技术进步及其空间扩散分析 [J]. 经济研究，2007 (6)：106-118.

[58] 王赫，吴朝阳. 经济差距对创新溢出与技术交流的影响：基于经济距离矩阵的空间计量研究 [J]. 经济问题，2020 (9)：78-84.

[59] 武学超. 美国创新驱动大学技术转移政策研究 [M]. 北京：教育科学出版社，2017.

[60] 易丹辉. 结构方程模型方法与应用 [M]. 北京：中国人民大学出版社，2008.

[61] 周亚庆，许为民. 我国科技成果转化的障碍与对策：基于环境的研究 [J]. 中国软科学，2000 (7)：59-62.

[62] 余泳泽. FDI 技术外溢是否存在“门槛条件”：来自我国高技术产业的面板门限回归分析 [J]. 数量经济技术经济研究，2012 (8)：49-62.

[63] 张经强. 我国区域技术扩散效应：基于面板数据的实证研究 [J]. 科学学研究，2009，27 (11)：1651-1655.

[64] 张军，章元. 对中国资本存量 K 的再估计 [J]. 经济研究，2003 (7)：35-43.

[65] 张士运. 技术转移体系建设理论与实践 [M]. 北京：中国经济出版社，2014.

[66] 张晓凌，周淑景，刘宏珍，等. 技术转移联盟导论 [M]. 北京：知识产权出版社，2009.

[67] 张勋，乔坤元. 中国区域间经济互动的来源：知识溢出还是技术扩散 [J]. 经济学，2016，15 (4)：1629-1652.

[68] 薛薇，魏世杰. 新时代我国引导社会资金投入科学研究的支持政策研究 [J]. 中国软科学，2021 (5)：59-69.